Un Día Un Destino

Noemi Cano

Una historia verdadera

Un Día Un Destino

Cano, Noemi

Un Día Un Destino, Noemi Cano

Dirección editorial, texto y fotografías Noemi Cano

Este libro es una memoria. Refleja los recuerdos reales de las experiencias de la autora. Algunos eventos se han comprimido y se han recreado algunos diálogos. No se han cambiado nombres, no se han inventado personajes ni se han fabricado eventos.

Director Editorial: Noemi Cano

Textos y Fotografías: Noemi Cano

ISBN 978-1-7390793-0-7

Disponible en la Biblioteca y Archivos del Canadá

Un Día Un Destino

Dedico este libro con especial cariño a mi familia y amigos quienes me motivaron a escribirlo. A mi hija Alexia Helgason, a su esposo Winston y a mis nietos Arabella y Magnus, a mis amigas Malena Gurrolla y Amielle Lake.

Un Día Un Destino

"Un Día Un Destino" es el relato de la vida privada de la actriz Arabella Árbenz, hija del expresidente guatemalteco, Jacobo Árbenz. La infancia de Arabella fue definida por el golpe de estado contra el presidente Árbenz por la CIA y así llevó las cicatrices emocionales de este acontecimiento por toda su vida. Actriz, modelo, mujer exquisita de fabulosa belleza y de sensualidad incomparable estuvo al punto de llegar a la cumbre de sus deseos. Pero sus traumas y desilusiones por su padre y por sus amantes contribuyeron a sus quebrantos y soledad.

Acontecido en la época dorada de los 60s en París, es la historia vivida de dos jóvenes centroamericanas, quienes siguen sus sueños y pasiones con el deseo de vivir intensamente. Conducida a experimentar grandes pasiones con famosos actores, aristócratas, príncipes, y magnates, Arabella sufrió frustraciones que la marcaron con gran intensidad. Muchos la amaron, pero ella nunca estuvo satisfecha, siempre en búsqueda de un sublime amor. Relatado por su mejor amiga, Noemi Cano.

Tabla de Contenidos

Capítulo Uno

¡Al fin, París!

--8 de mayo, 1960

9 de la mañana, Orly, París

Llegamos a París procedentes de Nueva York en un vuelo de Air France. Pasamos la inmigración y abordamos un taxi con dirección a la cuidad en donde teníamos reservaciones en un hotel de la Rue Caumartin.

Yo, desde la salida del aeropuerto, me sentí emocionada y ansiosa.

¡Por fin, París! Desde mi ventana pude apreciar cómo surgía poco a poco la imagen de la Torre Eiffel. Entrando a la ciudad, noté las calles adoquinadas, como también la arquitectura de los edificios, tan diferentes para mí de lo conocido. Lucían sus chimeneas rojas y sus fachadas bellamente decoradas, con sus balcones de hierro forjado. Mis ojos no eran suficientes para captar y admirarlo todo. Pasamos por estrechas calles hasta lograr, atravesando un puente, una visión rápida del río Sena. Arabella y yo casi no conversábamos, cansadas por ese largo viaje.

Entramos a la Rue Caumartin por el Boulevard des Capucines, era entonces el único acceso para esa calle. El hotel fue recomendado por la tía de Arabella por su fácil localización, para el transporte del metro y sus calles aledañas a los grandes almacenes y la Opera, como también, los muchos restaurantes y cafés que circundaban el área.

La entrada al Hotel Caumartin era un poco oscura, con un largo corredor pobremente iluminado que conducía hacia la recepción y el salón decorado de insignificante manera. Mlle. Christine nos dio la bienvenida con una práctica información acerca de las horas en se servía el desayuno, como también la limpieza de la habitación. Era ella de regular estatura, delgada y vestida sobriamente con su pelo recogido (poco atractiva y de edad desconocida), de lánguida mirada quien nos observaba con cierta curiosidad.

Mi amiga escogió una habitación con baño y una cama grande. Mlle. Christine nos hizo entrega de las llaves y número de cuarto en la que había una ventana amplia que al abrirse mostraba el interior de los edificios con el distintivo olor de la ciudad. Descansamos unas horas y decidimos salir.

Almorzamos en un pequeño restaurante en el Boulevard des Capucines y después caminamos hasta la Iglesia de la Madeleine. Desde ese punto se podía ver el Obelisco en la Plaza de la Concordia y seguimos el paseo hasta la Rue du Faubourg Saint-Honoré donde están todas las famosas boutiques, como Hermès, las galerías de Arte, y la entrada al Palacio del Elysée, sede del presidente de la República Charles De Gaulle.

Esa noche cenamos ligero para descansar y compensar el cambio de horas con América. La mañana siguiente fuimos a abrir una cuenta al

Banco de Londres y Montreal, pues nuestras familias nos mandarían a esa dirección nuestros cheques. Cuando estábamos en el Lobby del hotel entregando las llaves de la suite a Mlle. Christine, fuimos presentadas al dueño del lugar, el Sr. Parmantier (parece que le causé una gran impresión). Era un hombre distinguido de unos sesenta años. Preguntó intrigado de donde éramos y mi amiga quien hablaba el idioma le dio los detalles. Yo por supuesto no entendía mucho.

Después de hacer todas esas diligencias bancarias, nos dirigimos a la Torre Eiffel, en ese entonces se podía subir en el elevador hasta la cúspide. Era algo espectacular el poder observar desde ahí la belleza de toda la cuidad, el río Sena, sus puentes, el tráfico, la vibración del lugar. Era mayo y el cielo azul, un poco frío en contraste del país donde veníamos. Visitamos otros lugares como la Plaza del Trocadéro y el vecindario de Passy. Este cambio de ciudad era intenso. Todo era conmoción. Yo, curiosa de contemplar el gran ritmo de la urbe. Con sus edificios antiguos y grandes avenidas donde el tráfico era congestionado, la ciudad brotaba de vida. La gente se dirigía hacia donde iban muy de prisa, notando que, a pesar de la estación primaveral, se vestían con abrigos ligeros. Me llamó la atención el garbo y elegancia de la población. Las mujeres usaban la moda de actualidad con distinción. Los hombres de traje con zapatos pulidos, sombreros y bufandas. ¡très chic! Observé el manierismo de la gente hasta para ordenar la comida, siempre con mucha clase y elegancia. Todo era nuevo para mí. Todo me llamaba la atención. Hasta el ruido de los carros policías era único, con un sonido especial.

Al tercer día fuimos sorprendidas con la llamada de Carlos

Azúcar Chávez, ex ministro de relaciones exteriores de El Salvador, y amigo de nuestras familias, quien nos invitaba a cenar esa noche para presentarnos al príncipe Carol de Rumania, quien había llegado de Londres en donde residía asilado. Nos encontramos con el dilema de cómo vestirnos para la ocasión. Éramos unas locas de una valija a otra buscando lo mejor que habíamos llevado para presentarnos distinguidas (yo más que nada, porque Arabella lo tenía todo). Ella supervisó mi peinado y maquillaje a su estilo y nos recogieron a las 8 de la noche, hora usual de aperitivos para continuar la cena en un restaurante ruso.

El príncipe era un hombre de unos cuarenta años, muy elegante en su presencia y maneras, delgado, con buen físico, guapo. La conversación entre Arabella y él fue en inglés y Carlos se dedicó a mí, preguntando por mi papá a quien él conocía muy bien. Fue una noche súper agradable a pesar de mi incómoda situación de no poder hablar ni inglés ni francés. Esta cena fue nuestra introducción o debut, al círculo social al que estábamos entrando. Cuando les conté a mis papas, no podían creerlo. Arabella ya había recorrido gran parte de Europa con sus padres a través de su política, pero siendo una chica muy joven y protegida no había entrado a ese mundo social.

Una mañana, tomando el desayuno en el hotel, conocimos a un joven piloto de Air France, Jean Claude Buck, quien le dio a mi amiga su tarjeta con su nombre y la invitó a salir. Estuvieron en contacto por unos días. Cuando recibimos el aviso por telegrama de que el auto Mercedes Benz que se había mandado por barco desde El Salvador había llegado al puerto de Havre y teníamos que ir a recibirlo, decidimos que la mejor vía sería ir en tren hasta Havre. Arabella le comentó a su amigo piloto y él le dijo que tenía acceso y permiso para usar las avionetas estacionadas en el aeropuerto de Bourget y nos propuso llevarnos a recoger el auto para que regresáramos en él a París.

Salimos del hangar en el avión, Arabella sentada al lado del piloto y yo atrás en un espacio pequeño pero confortable. El día estaba claro y como no era un vuelo de gran altitud, pudimos disfrutar del paisaje de la bella Francia, gozando de los ríos y áreas de un verde intenso. Saliendo de Bourget y del trote de París, empezamos a contemplar la panorámica diferente de los pueblos avecinados a la capital. A través del vuelo pudimos captar cascos de castillos destruidos por el paso de los siglos y por destrozos de la guerra. La provincia francesa, vasta y bella, se abría campo abierto a nuestros ojos.

Horas después y acompañadas por Jean Claude llegamos al lugar designado en el puerto. Llevamos todos los documentos pertinentes al auto y la persona encargada nos dio la mala noticia que el auto estaba dañado. Parece que los empleados del Puerto de Cutuco en El Salvador bajaron el auto en la grúa con tal fuerza que al depositarlo en el barco le rompieron algo importante para que funcionara normalmente. Con la ayuda del empleado del Havre nos dio la dirección de un garaje en París en donde se especializaban en reparar autos Mercedes Benz. Tuvimos que mandarlo en tren hasta ese garaje en Neuilly-sur-Seine, propiedad de la familia De Vries. Felizmente nuestro amigo piloto nos llevó de regreso de la misma manera. Solo que saliendo del Havre, Arabella propuso tomar el timón para experimentar la sensación de estar a cargo del avión, y con la ayuda de Jean Claude empezaron a hacer piruetas. Dando vueltas y vueltas, yo aterrorizada miraba venir de cerca los acantilados, pensando que ya nos íbamos a estrellar. Arabella era así, buscaba emociones intensas y a veces con riesgos.

Del garaje nos notificaron que habían recibido el auto procedente del Havre para repararlo y que necesitaban los documentos pertinentes con su seguro. Llegamos preparadas con todos los papeles que pedían y fuimos presentadas a los dueños del lugar, M. De Vries y sus hijos François y Jean Pierre.

M. De Vries, quien fue extremadamente amable y sus hijos muy cordiales, nos atendieron inmediatamente y nos ofrecieron algo de beber. Durante la conversación se interesaron mucho en nosotras y les dijimos que en cuanto el auto estuviera listo, nos íbamos a dedicar a buscar apartamento pues empezábamos a estar aburridas de la rutina del hotel. Jean Pierre, hombre soltero de unos 28 años, no muy alto, de complexión fuerte, de físico no muy atractivo, pero verdaderamente adorable, nos propuso ayudarnos con la búsqueda del apartamento. Nos dijo que ellos tenían muchos contactos y que inmediatamente empezaría la gestión.

De regreso al hotel nos encontramos con el dueño, M. Parmantier, y nos dijo que nos invitaba a una fiesta la noche siguiente en la casa de un doctor, según él, muy conocido. Arabella le dijo que había hecho amistad con un joven coiffeur (estilista) de nombre Jean Louis y que si podía incluirlo en la invitación. M. Parmantier dijo que sí y nos dio la dirección del lugar, situado en Montmartre. En un momento dado le preguntó a mi amiga indiscretamente si yo era virgen. Arabella le contesto que sí, que yo era virgen, pero se quedó extrañada por su imprudencia. Entonces Arabella se dio cuenta que M. Parmantier tenía otras intenciones.

Jean Luis nos recogió un poco antes de las 8 de la noche en un taxi. En Francia la puntualidad es muy importante. El apartamento del anfitrión estaba situado a orilla de calle en una esquina, con puertas enormes de entrada con unos bellos herrajes para llamar. Pasaron unos segundos y alguien vino a abrir. Era el doctor quien nos recibió. Se presentó él mismo, muy correcto y nos hizo pasar a un salón de entrada muy elegante, vestido con muebles antiguos, una alfombra gruesa que opacaba el ruido de los pasos y una escalera que conducía a las recámaras. Luego de presentarnos, nos abrió un salón hacia una estancia grande iluminada con lámparas de luz suave y al final del lugar había una enorme chimenea encendida. Los invitados empezaron a llegar y llenaron el salón. Eran personas de diferentes edades y la reunión parecía de unas treinta personas, entre ellas estaba M. Parmantier.

Había música suave y los sirvientes aparecieron con Champagne y canapés. Mas tarde, el dueño de la casa hizo un gesto para pedir silencio y nos hizo saber que el tema de la reunión era una ceremonia erótica de Tahití (a todo esto, yo no entendía nada). Después de conversar y conocer la concurrencia, las luces del salón se opacaron más y en el centro del salón colocaron dos enormes petates traídos de la isla y en bandejas de plata nos dieron leis de flores frescas llegadas por avión en directo de Tahití.

Cual sería mi sorpresa al ver entrar hacia los petates una mujer, quizá de unos treinta años, no muy alta con el pelo largo extendido sobre los hombros, completamente desnuda y seguida por un hombre maduro también desnudo. Al llegar al centro de los petates, música de las islas empezaron a tocar y la pareja empezó la ceremonia 'haciendo el amor'. Una orgia comenzaba. Sin inhibición los invitados empezaron a quitarse la ropa y a besar y tocar a quien estuviera cerca. De repente vi a Arabella desnuda hasta el busto bailando con Jean Louis. Entonces yo aterrada, completamente descompuesta de pensar que alguien me asaltaba, decidí huir al salón de entrada que estaba a oscuras y debajo de la escalera había un pequeño sofá en el que busqué esconderme. Alguien entro al salón donde yo me encontraba y vi que era M. Parmantier, quien llamando decía, "Noemi, ¿dónde estás? – "¡Noemi, no te escondas!" Al no encontrarme se regresó al salón y dos hombres entraron y sin darse cuenta de que yo estaba allí se hicieron el amor. Educada dentro de una sociedad conservadora y religiosa, jamás se me hubiese ocurrido ser testigo de un acto semejante.

Pasó un largo rato y solo oía el rumor del salón. Sonó la puerta de entrada con tanta insistencia que me atreví a salir de donde estaba escondida y abrí. Se presentó un hombre joven que preguntaba por Jean Louis y Arabella. Entonces me di cuenta de que Jean Louis le había dicho de reunirse con él ahí. Cuando se dio cuenta que yo no hablaba francés, me pregunto en español que por qué me escondía. Le contesté que yo no quería participar en eso. Después de conversar un poco en lo oscuro me pidió entrar al salón e ignorar lo que hacían y como había música podríamos bailar. Al fin me convenció de que él me protegería pero que no podíamos quedarnos más en el salón.

El salón era Sodoma y Gomorra, el suelo no daba abasto para más agitación. Yo trataba de no mirar y bailando me escondía en el hombro del chico hasta que me dije, – "¡Basta ya no puedo estar aquí!" – y empezamos a buscar entre toda esa gente a mi amiga. Al no encontrarla en el salón se me ocurrió que tal vez estaría arriba. Subimos y en ese momento aparecía de una de las recamarás con Jean Luis. Le sorprendió verme y le dije que yo me iba inmediatamente de regreso al hotel y ella al ver mi actitud de disgusto me dijo que nos íbamos juntas. Se vistió y los chicos decidieron quedarse. Y cuando abríamos la puerta de entrada para salir y buscar un taxi, M. Parmantier nos interrumpe y dice, – "¡No se vayan!" – Arabella muy seria le dijo que no podíamos quedarnos más. Felizmente encontramos un taxi que nos llevó de regreso.

Después de este incidente, se hacía urgente encontrar un apartamento y presionar a nuestro nuevo amigo Jean Pierre para que nos ayudara. Finalmente, por medio de una agencia inmobiliaria encontramos un lugar un poco lejos del centro de la cuidad, en el área del Boulevard Péreire, 3 Rue du Dobropol. M. Parmantier desapareció por completo y nunca lo vimos más.

Capítulo Dos

El encuentro

El Salvador

San Salvador, finales de los años cincuenta, mi vida no era del todo feliz. Mis padres en conflicto con alcoholismo hacían de la vida cotidiana en la familia una pesadilla. A pesar de esta incómoda situación siempre fui positiva, con buen sentido del humor que me ayudaba a sobrepasar esta situación. Cuando mis padres empezaban a tomar, no paraban por días, y yo tomaba las riendas de la casa dirigiendo a los sirvientes en sus diferentes tareas, decidiendo las comidas, supervisando que mis hermanos asistieran a sus colegios, y tratando de ocultar el vicio de mis padres. Nadie se daba cuenta de la adicción crónica que se había enraizado en ellos. El 2 de abril de 1944, mi hermano nació muerto y mi madre se refugió y encontró consuelo en la bebida para olvidar su tragedia. La pérdida de un niño varón al cual mi padre deseaba tanto fue un golpe tan grande que los llevó al borde de la depresión. Yo tenía 9 años y mi hermana 7 y desde entonces sufrimos con la enfermedad de ellos. Aunque eran buenos padres, dedicados a nosotras, cariñosos y afectivos, nosotras sabíamos que la tranquilidad solo era temporal hasta que el ciclo de beber retornaba al seno familiar. Esta situación duró toda mi juventud, y siguió aun después que mi hermano Julio nació. Yo logre ocultar esta vergüenza todos esos años y por mi carácter positivo esta situación no me doblegó.

Estaba cerca de cumplir veintitrés años, tenía un novio de nombre Salvador Peralta por casi cuatro años y quien no daba señales de formalizar nuestra relación. Físicamente yo no me sentía bonita o atractiva, pequeña de estatura, nada especial en mi opinión. Trabajaba como recepcionista de un psiquiatra quien ayudaba a mis padres durante sus crisis, pero esto no me llenaba y yo sabía que no era una meta en mi vida. Salvador era un entretenimiento y yo soñaba con Francia, lugar que me obsesionó desde que tenía 5 años.

Desde joven me interesaba la moda y admiraba la belleza de las modelos, hubiera querido nacer linda. Mis padres tenían temporadas sobrias o de tomar sin parar, esa semana era una de esas. Una de esas mañanas mi padre me trato mal, me acusó de haber usado un dinero sin su consentimiento y yo, muy sentida, le expliqué que había hecho pagos mientras ellos estaban en ese período de tomar y que de ninguna manera había abusado. Yo tenía muchas amigas y una de ellas era Margarita con quien me sentía bien en contarle mis problemas ya que ella guardaba mis confidencias y me aconsejaba.

Ese día le llamé para contarle lo que me pasaba y de acuerdo con sus padres que me querían mucho, me invitó a pasar unos días en su casa mientras se calmaba la situación con mi padre.

Margarita había empezado a salir con Antonio Vilanova, quien era bastante mayor que ella. A pesar de su madura edad, Antonio nunca se había casado y procedía de una familia muy adinerada y famosa. Famosa en el sentido político, ya que su hermana había sido la primera dama de Guatemala y su esposo Jacobo Árbenz, presidente expulsado de su país por infames tramas de la CIA. Jacobo Árbenz Guzmán encontró asilo político en el Uruguay en donde residía en unión de su esposa María Cristina Vilanova y sus hijos Arabella, Eleonora y Jacobo. María Cristina y sus hijas decidieron hacer un tour en el Perú, habían oído hablar mucho de su cultura y alrededores arqueológicos como Machu Picchu. Allí se encontraban cuando recibieron noticias de El Salvador dándoles a conocer que el padre de María Cristina se encontraba enfermo (Antonio Vilanova Kreitz). María Cristina era salvadoreña de nacimiento y su madre era de origen guatemalteco (María Castro Arrechea).

Pasaron varios días, días agradables de no pensar en ningún problema. El ambiente de la casa de Margarita era alegre y cordial, ella tenía dos hermanos y una hermana menor. Una tarde Antonio le avisó a Margarita que sus sobrinas Arabella y Eleonora la invitaban a ir al cine y que estaban ansiosas y curiosas por conocerla y que él pasaría con ellas a buscarla. Antonio les había puesto el apodo 'Las Sputniks' porque ellas se habían educado en la Unión Soviética. Entonces Margarita me dijo que para esta reunión no podría llevarme y me pidió que la esperara al final de un corredor en donde yo no me mostraría y me dio varias revistas para no aburrirme mientras ellos se iban. El corredor era amplio y largo y tenía acceso a una puerta del salón que sólo se abría cuando tenían invitados. Yo me sitúe al final de él, tal como mi amiga me había indicado, dispuesta a quedarme allí hasta que ellos se fueran. De repente e inesperadamente se abrió la puerta y alguien primero se asomó y luego salió al corredor. Era una joven de la cual yo inmediatamente me quedé impresionada de su belleza. En mi admiración pensé que solo en las películas y revistas de moda había visto algo semejante. No muy alta de estatura, rubia, peinada con un moño a lo Brigitte Bardot, vestida en tonos mostaza y café, con zapatos de tacón alto, exquisita y elegante, miró hacia donde yo estaba y desconcertada de encontrar alguien allí me dijo con una sonrisa, – "Hola, me llamo Arabella". Yo contesté, – "Gusto en conocerte, yo soy Noemi".

Felizmente mi padre se presentó al día siguiente, venía a pedirme perdón y llevarme a casa, lo cual yo acepte inmediatamente. Pasaron varios días y en una de las conversaciones por teléfono con Margarita me dijo que Arabella estaba en México, que pronto regresaría, y que su mamá, María Cristina, no tenía fecha definitiva para regresar a Suramérica.

Yo de regreso en casa seguía mi rutina diaria. Había logrado con mis padres un mejor entendimiento y por el momento existía una buena armonía. Días después, Margarita me llamo antes de irse a su oficina y me rogó darle un recado por teléfono a Arabella. Yo le dije que me sentía un poco tímida en hacerlo porque no habíamos sido presentadas formalmente, pero Margarita insistió y llamé. Arabella contesto y le dije, – "Te habla Noemi, la amiga de Margarita". Hubo un poco de silencio y me respondió como tratando de recordar, – "Ah sí". Yo continúe diciéndole, – "Margarita me ruega decirte que le será imposible verte esta noche y que no te habla personalmente pues está en el trabajo, pero que lo hará luego. Esto es para que tu cambies tus planes de salir". Ella me dijo, – "Gracias por el recado, y tú llámame también". Yo no lo podía creer.

Antonio, para festejar a Arabella, le propuso a Margarita llevarla a cenar al famoso Puerto de la Libertad, a uno de los hoteles frente al mar en donde habían abierto un nuevo restaurante de mariscos. Para que Arabella no fuera sola en el nuevo auto que su mamá le había comprado (Mercedes Benz descapotable), me invitaron a acompañarla. En el trayecto hacia el puerto, se entabló una franca camaradería y empezamos a contarnos un poco de nuestras vidas. Me dijo que en Montevideo tenía un novio que se llamaba Gualtiero, de origen italiano, y yo le conté que tenía novio, llamado Salvador. Durante la conversación nos dimos cuenta de que teníamos ideas y gustos semejantes. Regresamos ya entrada la noche y continuamos nuestra charla sin parar hasta dejarme en donde yo vivía. Al día siguiente me llamo temprano por la mañana para invitarme a almorzar en casa de sus abuelos y decirme que me recogería a las doce.

Al llegar entramos por el garaje, el cual estaba encumbrado de costales de café, frutas y granos de sus fincas. La entrada principal no se abría más que para recibir a los asociados de negocios relacionados con las ventas del café. El café y otros productos de agricultura venían de las fincas y multitud de propiedades de los Vilanova Kreitz, quienes eran integrantes de las grandes familias cafetaleras que formaban la elite de El Salvador en ese tiempo. La casa era de dos pisos con dormitorios en la planta baja y alta. El abuelo tenía su oficina en el centro de un patio grande, desde donde controlaba todo el vaivén de los empleados. Atravesamos la cocina que conectaba con el comedor. Esta era una estancia grande con una mesa enorme puesta de día y de noche para el que quisiera comer. Teníamos hambre, y ya para servirnos apareció la abuela María en la puerta, quien al oír nuestras voces y risas le dio curiosidad por ver quien era. Arabella se levantó inmediatamente a saludarla diciéndole que yo era una amiga y la abuela sólo hizo un gesto de saludo y dio la vuelta hacia el corredor en donde tenía su recámara. La abuela tenía problemas mentales y permanecía en casa todo el tiempo, vestida siempre con bata y pantuflas, y en la mano un manojo de llaves de todas las puertas de la casa.

Terminamos de comer y Arabella propuso enseñarme su recámara y para eso teníamos que atravesar el patio y subir a la segunda planta. Súbitamente, y yo sin darme cuenta desde dónde apareció, nos encontramos cara a cara con la tía Cita (Carmencita). Ella era la mayor de las dos hermanas, soltera, muy religiosa, distinguida, pero no muy atractiva, con un peinado sobrio y anteojos que la hacían ver con un aire estricto y se vestía con severidad. Era extremadamente católica, con reglas de convento, antipática hasta en su risa. Su saludo no fue muy cordial al encontrarla, me miro con una mueca de contrariedad, o sea que no le caí bien. Vimos también al abuelo hablando por teléfono en su oficina y finalmente subimos a la recámara de Arabella.

El dormitorio era amplio con ventanas que daban a la calle. Había dos camas y todo estaba perfectamente ordenado. Arabella era impecable.

"Te quiero decir varias cosas de mi" dijo Arabella. – "Y, para empezar, yo ya no soy virgen. En uno de los viajes que hicimos a Europa estuvimos en el sur de Francia y conocí un muchacho de dieciocho años quien me sedujo, yo sólo tenía catorce años. Después tuve relaciones con algunos más". Me dejó sorprendida con su revelación y me pregunto, – "¿Y tú lo eres?"

"Si", le respondí, – "Aquí las costumbres son muy diferentes y nos tenemos que casar para hacerlo con el esposo si no te juzgan muy mal. Mi novio y yo tenemos una relación podría decirte que frívola. Se trata nada mas de ir a los clubs, al cine, a reuniones con amigos, cumpleaños, etc. Él nunca se ha interesado en preguntarme como me siento, cuáles son las cosas que me interesan más, y respecto a mi familia ignora completamente lo que pasa. Él es muy simpático y me entretiene horas al teléfono, nos reímos mucho con sus comentarios. En realidad, me atrae y le tengo cariño, pero definitivamente así nomás no haría el amor con él sin casarnos antes. Aunque llevábamos 4 años de noviazgo, Salvador nunca ha insistido en tener relaciones íntimas."

Salvador era el hijo de una familia distinguida. Sus padres eran primos hermanos y Salvador había nacido con una deformidad en el pie izquierdo. Cuando tenía 15 años, sus padres lo llevaron a los Estados Unidos para que le hicieran una operación de reconstrucción de los huesos y así poder caminar normalmente. Trágicamente, el cirujano cometió un grave error. Al despertarse de la anestesia, Salvador descubrió que le habían amputado la pierna en vez de reparar los huesos del pie. El impacto de perder su pierna y de no poder caminar lo cambió para siempre. Salvador se quería morir de la tristeza.

Arabella me pregunto, –"¿Me dejarías que mejorara tu imagen

con otro peinado y maquillaje?" Yo, fascinada y deseosa de cambiar, le contesté que me sentiría muy feliz. Empezó por depilarme las cejas, me enseñó cómo aplicar las sombras para agrandar los ojos, me hizo un moño muy diferente y cuando me vi al espejo noté el cambio. Vi en mi otra persona. No solo era un cambio físico, pero también de actitud. Me sentía más confiada, más atractiva y abierta para las posibilidades del futuro. Vi en mi un potencial a explorar. Salvador notó este cambio en mí.

Arabella y yo nos veíamos todos los días. Si tenía cita con un amigo llegaba a verme, no importaba la hora para relatarme todo con detalles. Mi leal amistad le dio confianza para contarme su niñez, tiempos de colegio y viajes. Una tarde me dijo:

–"Cuando mi papá fue nombrado presidente de Guatemala (1951-1954), durante ese período la presencia de mamá conmigo y mis hermanos era limitada. Yo recibía clases de ballet, me encantaba bailar y tenía, yo creo, talento. En las presentaciones de finales de curso ella no tenía o hacía tiempo para venir a ver mis progresos. Todo lo que era político tenía preferencia, entonces me sentía triste, relegada por su ausencia. Cuando me gradúe de bachiller me mandaron a un colegio en Washington DC para aprender el inglés y luego a Montreal porque me gustaba el idioma francés. Fue allí en el Canadá donde tuve la desagradable noticia de que mi papá había sido derrocado de la presidencia por la CIA, acusándole de comunista. El Cónsul de Guatemala en Montreal se presentó en mi colegio, venía a recogerme para viajar inmediatamente y así poder reunirme con mis padres en París. El verlos fue muy impresionante, me parecía todo irreal. Nos quedamos en París varios días bajo la protección del gobierno francés. Se pidió asilo político el cual nos fue negado, entonces papá decidió ir a Suiza con la esperanza de quedarnos, puesto que el abuelo Árbenz había nacido allí. La condición que propuso Ginebra era de renunciar a la ciudadanía guatemalteca para adoptar la Suiza y la decisión inmediata de mi padre fue negativa.

Continuamos la jornada hacia Checoslovaquia y Praga nos dio la bienvenida. Guatemala les había comprado armas (las cuales resultaron de mala calidad y ellos temían un reclamo), así pues, nos trataron bien. Además de mi familia, también nos acompañaban unos militares que apoyaban a papá. Tanto mamá como papá bebían y peleaban mucho, todo era confusión y desconcierto, porque tampoco nos podíamos quedar allí.

La última alternativa era la Unión Soviética, sin poder encontrar asilo en ningún otro país. Mis hermanos y yo estábamos cansados de ese ir y venir. Mientras tanto, mis padres negociaban un asilo en Latinoamérica, con preferencia en un país cercano a Guatemala. Mi padre siempre con la esperanza de retornar a su país y tal vez regresar a la política. En Moscú, mis padres discutieron los pros y contras de dejarnos en un colegio privado, así ellos tendrían más libertad de acción y así se hizo. Nos internaron a mí y a mi hermana Eleonora en un colegio privado para extranjeros en Ivanovo, que está situado alrededor de cuatrocientos kilómetros de Moscú.

Ese colegio sólo recibía a hijos de diplomáticos y presidentes. Allí aprendimos el idioma y recibíamos clases de acuerdo con nuestras aptitudes. Durante ese período largo (cuatro años) nunca acepte ser parte de Komsomol (organización de jóvenes Leninistas) pero a mi hermana si le gustaba. Por supuesto que aprendimos el idioma ruso. Tuve la oportunidad de seguir con mis estudios de ballet, los cuales me ayudaban para no sentirme tan sola y alejada de mi familia. Estuve muy enferma dos veces. Me dio fiebre reumática y escarlatina y me sentía sola y abandonada. El médico que nos atendía me prohibió el ballet porque la fiebre reumática afecto mi corazón. Decidí escribirle a mi tía Cita rogándole que por favor interviniera con mis padres para convencerlos de que ya no queríamos estar allí. Felizmente ellos aceptaron y la tía vino a buscarnos y con ella nos quedamos unos días en París. Uruguay fue la única nación que les dio asilo político a mis padres y vivimos en Montevideo por un tiempo.

Decidimos tomar unas vacaciones en el Perú para visitar las ruinas de Machu Picchu. Durante este viaje nos llegó noticia que el abuelo Antonio se encontraba enfermo. Con muchas reservaciones, mi mamá decidió regresar a El Salvador. Ésta fue la ocasión de nuestro encuentro."

Se acercaba la semana santa en El Salvador y era costumbre retirarse a los lagos o al mar a pasar la temporada. Las mansiones situadas en el Lago de Coatepeque eran dignas de admirar, toda la servidumbre se trasladaba también pues llegaban muchos invitados, la mayoría con sus hijos. Nuestras amigas tenían yates equipados para hacer esquí acuático y desde los hoteles cercanos se podían ordenar de antemano platos especiales.

Miguel Regalado nos invitó a visitarlo a su casa del lago por un fin de semana, casi toda su familia se encontraba allí también. Como el camino era de casi tres horas desde la capital hasta su casa, Miguel nos advirtió que habría un riesgo de viajar solas, que sería conveniente que lleváramos un arma. Este hecho nos dejó un poco inquietas y decidimos comprar una pistola calibre veintidós. Se suponía que con esta arma estaríamos preparadas para defendernos en caso de un asalto.

Pasamos dos días agradables, disfrutamos de pasear en lancha, jugar cartas y diferentes juegos, y de comer platillos típicos del área. Frecuentamos las villas vecinas en donde vacacionaban todos nuestros buenos amigos.

En ruta de regreso a San Salvador, a tempranas horas, Arabella me dijo, – "Tengo que decirte algo, son buenas y malas noticias, no sé cómo lo tomes. He convencido a mamá de mandarme a París a estudiar arte dramático ¡Me gustaría actuar y ser famosa!"

En ese momento sentí una gran pena porque primero perdería a una gran amiga y segundo vivir en París siempre había sido mi sueño. Creo que ella se dio cuenta de mi reacción y me dijo– "Yo necesitaré de una compañera de cuarto, ¿Te gustaría venir conmigo?"

Mi alegría fue inmensa, la perspectiva de ir con ella y vivir en París me pareció estupenda. A pesar de que esto podría realizarse, le dije que mis padres no eran ricos para tal vez poder compartir con ella los gastos, pero que lo mejor sería hablar con mi papá. Cuando llegamos a mi casa encontramos a mis padres de muy buen humor, y fue la ocasión perfecta para presentarles el proyecto. Yo cautelosamente les pregunté si podrían sostenerme en mi estadía en París. Mi padre sugirió una cantidad razonable que mi amiga aceptó sin dudar. ¡París era ya una realidad!

Los días siguientes fueron de locura. Entre múltiples compromisos sociales, yo casi no veía a mi novio, mi mente estaba centrada solamente en el viaje.

En esos días Manolo Miranda, "El Marqués", dio la bienvenida a dos de sus amigas, princesas italianas quienes por primera vez visitaban El Salvador, ofreciéndoles una reunión en su casa. Para esa gala Arabella me hizo probarme sus mejores vestidos y zapatos, las dos teníamos la misma talla en ropa y calzado. Esa noche me prestó un vestido de seda negro estampado con flores blancas de marca Christian Dior. También me arreglo el cabello y me puso maquillaje.

Cuando llegamos, ya estaba allí mi novio Salvador y cuando me vio se asombró al notar el cambio en mi físico y en mi actitud. Después de cenar y en un ambiente alegre y elegante, se abrió el baile, típico de nuestros países latinos. Hubo un momento en el que Salvador me dijo que tenía algo que decirme y nos sentamos en un lugar alejado del salón. – "Si quieres nos casamos – me dijo – pero solo por lo civil."

Yo lo miré fijamente y le contesté, – "No gracias, creo que lo pensaré más."

Su reacción fue de enojo, nunca esperó una respuesta semejante después de cuatro años de frecuentarnos. ¿Cómo era posible que yo me negara? Se dirigió al bar y empezó a beber. En ese momento yo ya sabía que me iba a Europa y estaba loca por escaparme de esa vida tan simple y con ese futuro poco prometedor. Cerca de la media noche pensamos que era hora de retirarnos y Salvador nos pidió que lo dejáramos en su casa. Cuando se bajó del auto se puso violento conmigo, amenazándome con gestos y palabras, yo comprendí su frustración y traté de calmarlo. Esa fue la última vez que lo vi. El día siguiente salíamos para Europa, y él debe de haber presentido algo. Salvador llamó a casa temprano en la mañana. La sirvienta contestó el teléfono y le dijo que yo seguía dormida, porque yo quería evitar hablar con él. No le debía ninguna explicación, mi decisión estaba tomada y su propuesta de matrimonio había llegado muy tarde.

6 de mayo

Despierta desde muy temprano, tensa y agitada. No sé cómo podría describir tantas emociones, ese día era el día de viajar y el principio de mi nueva vida. ¡Vivir en Francia – mi sueño dorado se hacía realidad! Yo nunca había salido del país, y volar era una excitante experiencia. Iríamos primero a la capital mexicana en donde nos quedaríamos una noche y continuaríamos la ruta hacia Nueva York y finalmente a París.

Ya en el avión Arabella me confesó que en su última estadía en México había conocido al novio de su tía Nena, prima de su mamá, el arquitecto Julio de la Peña, y que esa noche él nos daría el tour de la ciudad, y que él también estaría hospedado en el mismo hotel de nosotras.

Llegamos al Distrito Federal cerca de las tres de la tarde. Después de instalarnos en el hotel, Arabella se comunicó con Julio y quedó comprometido en recogernos a las siete. A la hora convenida bajamos al vestíbulo y él ya estaba esperándonos. Era un hombre de unos cuarenta y ocho años, natural de Guadalajara, muy cortés al presentarnos. Dijo que había hecho reservaciones en uno de los restaurantes más conocidos, en donde había música en vivo. El restaurante era el

Normandy en donde tocaban los famosos violines de Villa Fontana, ubicado sobre el Paseo de la Reforma. Después de cenar nos llevó a uno de los edificios más altos desde donde se podía contemplar toda la cuidad. Regresamos al hotel cerca de la media noche, teníamos que estar listas temprano pues el vuelo hacia Nueva York saldría a las diez de la mañana.

Arabella me dijo, – "Me voy a ir a dormir con Julio, nos vemos en la mañana."

Arabella apareció como a las seis de la mañana y me dijo– "Julio nos invita a conocer Guadalajara, él tiene su avión privado, ¿qué te parece la idea?" – "¡Me parece una locura! ¡De ninguna manera lo haremos!" – le contesté. "Nuestras familias esperan de nosotras que les comuniquemos que llegamos bien a nuestro destino original y perderíamos todas las conexiones de vuelos. ¡Definitivamente te digo que no!" Hizo un poco de mala cara, pero al ver mi firme negativo razonó y me dijo – "OK".

Momentos antes de aterrizar en Nueva York, Arabella me advirtió que posiblemente alguien nos estaría esperando en el aeropuerto. Yo le contesté muy intrigada, – "Pero ¿quién?"

– "El FBI" – me dijo – "Porque soy la hija de Árbenz."

Y efectivamente cuando bajamos del avión y empezamos a caminar hacia la terminal, en la entrada estaba un hombre joven, tal vez de unos treinta y cinco años, correctamente vestido con traje y corbata, y con un impermeable. Al acercarnos a él y en buen español se dirigió a mí y me preguntó, – "¿Es usted Noemi Cano?" Yo asentí. Luego se dirigió a Arabella. Entonces estando seguro de quienes éramos nos dijo– "Soy un agente de la FBI. Yo voy a acompáñalas todo el tiempo que estén aquí en Nueva York. Por el momento tenemos que abordar un autobús que nos llevará a la otra terminal del aeropuerto La Guardia que es de donde salen los vuelos para Europa".

Por lo visto, él tenía conocimiento de antemano de todos nuestros pasos, nos siguió todo el tiempo hasta cuando íbamos al baño o a la cafetería. Nunca entendí cuál era la razón por su constante vigilancia, pero me imagino que era por los acontecimientos políticos. Alrededor de las 9 de la noche, entramos al avión, él también lo hizo y ya para cerrar las puertas anotó en cuales números de asientos estábamos, se despidió y bajó del avión.

Capítulo Tres

Nuestro primer apartamento

París, 3 Rue du Dobropol

Alquilamos un apartamento amueblado en ese lugar, situado a orilla de la calle, al lado izquierdo de la entrada al edificio. Estaba completamente amueblado, con un dormitorio, sala-comedor y cocina. Arabella propuso repartir el mantenimiento de él. Yo me haría cargo de cocinar y ella de hacer la limpieza. Empecé por hacer arroz y lo dejé muy caldoso y salado ya que le había agregado mucha agua. En fin, mi primera comida fue un desastre, completamente incomible. Esa fue mi iniciación como cocinera porque no tenía ninguna noción de ello.

En la semana siguiente alguien llamó a la puerta. Fui a abrir y era un señor preguntando por Arabella, y entendí que era importante recibirlo. Ella vino a su encuentro y él se presentó como André Divernaux, y le dijo, – "Usted no se acuerda de mí, yo cuide de ustedes cuando estuvieron antes aquí (él era de una rama de gobierno tipo FBI). He venido a presentarme y hacerles saber que estoy encargado de ustedes." Explicó también que antes de caducar los permisos para permanecer en Francia le llamáramos para que él se hiciera cargo de tramitar la prórroga de nuestras visas, lo cual hizo durante los años que permanecimos en el país. También nos aconsejó inscribirnos en el consulado de El Salvador, porque era conveniente que ellos también nos tuvieran en sus registros.

Al siguiente día fuimos a reportarnos al consulado de El Salvador en la Avenue Kléber y en el momento que estacionábamos el auto vimos a un joven en motocicleta que nos miró con mucha atención. Arabella y yo llamábamos mucha la atención en las calles, ya que Arabella parecía estrella de cine y yo, morena, más exótica, conduciendo un Mercedes Benz descapotable, con placas diplomáticas era una visión de novedad.

Una tarde paseando por Montparnasse, nos siguió un auto de la marca Cadillac, en el cual iba manejando un señor y a su lado una chica joven. En cada parada de semáforo, el hombre del Cadillac trataba de hablarnos, primero nos abordó en francés. Arabella me dijo, – "No le pongas atención". En la siguiente parada nos habló en inglés y tampoco hicimos caso, pero la tercera vez se acercó más y se dirigió en español, entonces nos dio risa al ver su insistencia en los tres idiomas y le contestamos – "¡Si!" – "Síganme – nos dijo– quiero conocerlas." Le seguimos y fuimos a uno de los tantos cafés que hay en el Boulevard de Montparnasse. Era él el productor de cine Michel Bourla quien había vivido en la Argentina y en España. Su conversación era muy entretenida, hablaba de sus películas y viajes. Finalmente fuimos a cenar y después nos llevó a ver un espectáculo a "Elle et Lui". A la entrada del cabaré estaban dando la bienvenida dos mujeres vestidas en esmoquin muy masculinas. Ya era un poco tarde para obtener una mesa de pista, nos tuvimos que quedar en el bar desde donde podríamos ver el espectáculo. Pedimos algo de beber y nuestro nuevo amigo nos ofreció unas pastillas que sacó de su bolsillo. Yo prudentemente rehusé tomar una (mi mamá antes de partir me advirtió tener cuidado de aceptar de desconocidos bebida o pastillas). Cerca de las once se anunció el espectáculo. Detrás de la pista aparecieron dos mujeres jóvenes que empezaron a bailar (había música en vivo) y a quitarse la ropa, acariciándose y besándose, las luces del lugar casi a obscuras, solo la pista estaba iluminada. A pesar de la música se oían respiraciones fuertes de las mujeres en el centro. Cuando terminó el "Acto" nos despedimos de nuestro nuevo amigo e intercambiamos números para volvernos a ver.

Llegamos al apartamento y le pregunté a Arabella porqué había aceptado esas pastillas, y me contestó que solo eran mentas para refrescar el aliento después de cenar. – "¡Que inocente era!"

Arabella se propuso sofisticarme y se convirtió en mi Pigmalión. Encontró un dentista que me hizo la sonrisa amplia y usé frenos por un par de meses. También me inscribió en la academia de Luky, ex modelo de Christian Dior, en donde enseñaban toda clase de etiqueta. Nos enseñaron como poner una mesa apropiadamente, como caminar y como encender un cigarrillo con elegancia, variaciones para lucir bufandas, etc. Estas lecciones me sirvieron mucho durante el nuevo mundo internacional en el que entramos.

La familia De Vries nos había adoptado. Ellos tenían una propiedad en Normandía y nos invitaron a ir unos días a su casa y así poder dar un recorrido por la región. Jean Pierre se prestó a escoltarnos para no tener que consultar el mapa todo el tiempo. Después de salir del área de París, la carretera era digna de apreciar, de un lado al otro eran campos de amapolas de colores vivos, avenida de árboles enormes, el campo se insinuaba bello.

Finalmente llegamos. A la entrada de la casa nos dieron la bienvenida. Alice, la esposa del señor De Vries, era simplemente encantadora, pequeña de estatura (como yo) tal vez de unos sesenta años. La casa era amplia, con una cocina enorme y árboles frutales alrededor del lugar. Yo admiraba los árboles de manzanas y peras, para mi algo nuevo de observar. Pasamos unos días agradables, la región es bella. Cerca de la propiedad había un riachuelo hacia donde caminábamos a diario para hacer ejercicio. Mientras tanto Alice se propuso en hacerme decir en francés las cosas básicas. Fuimos también con los De Vries a Le Mans, a presenciar las carreras de autos desde el stand de la firma Austin de UK como invitados del dueño (el señor se había enloquecido conmigo y no me dejaba sola).

Michel Bourla, el productor de cine le presentó a Arabella Serge de la Roche y se inició un romance. Él era muy atractivo, alto, con un cuerpo algo corpulento, de unos cuarenta años, también relacionado con las películas. Se vieron casi todos los días quizá durante un par de meses, cuando un día Arabella me hizo saber que estaba embarazada y que quería evitar ese embarazo cuanto antes. Entonces Serge se movilizó para encontrarle un médico que quisiera hacerlo porque eso estaba prohibido por la ley. Una semana después, temprano por la mañana se presentó en nuestro apartamento un doctor acompañado por Serge, todo se iba a llevar a cabo allí. Yo estaba histérica de pensar en lo que podía pasar si algo malo le sucedía, mi mente era un caos.

Movieron la mesa del comedor al dormitorio para acostarla en ella y me pidieron que no entrara en ningún momento. Después de un rato, intempestivamente se abrió la puerta y el doctor me presentó un largo deposito lleno de sangre con el feto y me dijo que lo tirara por el inodoro. Yo temblando de la impresión lo hice. El doctor salió del dormitorio y me dijo que ella estaba bien, pero que tenía que guardar reposo por unos dos días. El doctor se despidió rápido y Serge se quedó un rato más hasta que Arabella se despertó de la anestesia. Ese fue el final de su relación.

Días después del horrible incidente en casa tuvimos una conversación acerca de lo ocurrido. Aunque yo no tenía ninguna experiencia traté de convencerla de que en el futuro fuera más cautelosa porque ponía su vida en peligro. –"Debes tener mucho cuidado. No me gustó estar envuelta en este incidente, menos hacerlo en casa. Estoy muy molesta contigo. ¿Qué haría yo si te pasara algo? ¿Cómo podría explicarles a tus padres lo ocurrido?" –"Este fue un acontecimiento inesperado. Yo no estaba preparada para ser madre" contesto Arabella. – "Tu todavía desconoces estos raptos de pasión. No lo vuelvo hacer. Te lo prometo".

Yo la cuide con gran cariño. Arabella se sentía deprimida y traté de confortarla lo mejor posible. Semanas después, Arabella ya había iniciado otros romances.

Capítulo Cuatro

St. Tropez

Salir de compras era una delicia. Visitamos la tienda de Max Reby en donde Arabella se compró una estola de visón y para mí una chaqueta, tipo bolero de astracán negro. Nuestros nombres quedaron registrados ahí.

Un delegado se presentó a nuestro apartamento con dos sobres, dirigidos a nosotras. Era una invitación del presidente Charles De Gaulle a una gala en la Opera de París en homenaje al presidente de Argentina Arturo Frondizi. Yo estaba sorprendida e impresionada de contar con tal honor.

Para este evento, lucí un vestido largo línea A sin tirantes, de satín blanco, con zapatos de Chanel hechos a mi medida (US$150 en ese tiempo). Adornada con mi chaqueta de astracán muy a la moda, me sentía apropiada para la ocasión. Arabella tenía puesto un vestido de organdí celeste, también abrigada con su estola de visón. En ese tiempo, no era de moda que las mujeres jóvenes usaran muchas joyas. La Opera lucía magnifica, iluminada al máximo. El cortejo de representaciones diplomáticas y gubernamentales era largo. Finalmente encontramos los asientos que nos correspondían y con la ópera 'Tosca" cantada por la diva Renata Tebaldi, se inició la celebración. Fue una experiencia inusitada.

La casa de Max Reby estaba incluida en las presentaciones de las nuevas colecciones de las casas de diseñadores de modas para la próxima temporada otoño-invierno, y como nuestros nombres estaban registrados en esa casa, recibimos las invitaciones para asistir. El evento se llevaría a cabo en un Pabellón situado en el Bois de Boulogne. Arabella ese día se encontraba enferma con una fuerte gripe y me rogó que fuera al evento sin ella. Al llegar me recibió la representante de Max Reby y me condujo a una mesa justo donde pasaban las modelos. Ella me dijo que como mi idioma era el español me había designado sentarme en la mesa del Embajador de Colombia con su acompañante y me presentó con ellos.

El Embajador Hairo Moreno y su amiga la señora Amparo Uribe de Sarmiento, me recibieron cordialmente, e inmediatamente me sentí muy confortable en su compañía. Cada mesa fue servida con vinos, Champagne y hors d'oeuvres, con un despliegue increíble de cortesías. En un momento dado las luces se hicieron más tenues y empezó el desfile. Los diseñadores mostraban el nuevo concepto para la siguiente temporada. Tomé nota mentalmente de cómo las modelos se conducían, además del maquillaje y peinados. No hubiera podido decidir cuál era mi favorito, estaba fascinada con la mayoría de ellos. Desde niña me interesaba la moda y siempre estaba al tanto de las tendencias.

Dos horas después, al término de la colección, Hairo nos invitó a cenar. Amparo y yo en ese momento ya éramos intimas amigas.

Después de cenar me llevaron a mi apartamento y quedamos de llamarnos, yo estaba contenta de empezar esa nueva amistad. Me encontré a Arabella despierta, era ya más de la media noche y estaba preocupada por mi tardanza ya que era mi primera salida sola. Me estaba esperando ansiosa para escuchar mi relato.

Conversamos mucho sobre la moda y lo que imponían los diseñadores para la siguiente temporada. Estábamos en París, una ciudad donde la moda y la elegancia eran parte de su cultura y nosotras queríamos incorporarnos a ella. – "Conocí a una señora sudamericana llamada Amparo. Ella nació en Medellín, Colombia y es bellísima, ex reina de belleza en su país. Se había casado con un señor mayor y muy rico, del cual tiene un único hijo llamado Jesús Eduardo. Al término de pocos años decidió divorciarse y radicarse en París y tiene a su servicio a una chica llamada Martica. Hemos quedado en reunirnos para conocernos mejor." –"Que bueno que tú vas a tener una nueva amiga", – comentó Arabella. Esta nueva amistad me llevaría a nuevas aventuras.

Había llegado a París una chica procedente de Montevideo llamada Elina Muró. Ella era conocida de Arabella y le pidió quedarse con nosotras durante las dos semanas que visitaría la cuidad. Aceptamos, pero con la condición de que dormiría en el sofá de la sala ya que el espacio era limitado. Ella era distinguida, con un buen sentido del humor. Disfrutamos bastante de su compañía, yo trataba de imitarla y para divertirnos le copiaba su marcado acento uruguayo y nos reíamos mucho.

Como Amparo estaba recién llagada a París y no tenía amigas, yo fui una de las primeras y nos reuníamos seguido. En una de las muchas recepciones diplomáticas a las cuales Amparo asistía, le presentaron a Pedro Olazábal, un playboy español-mexicano quien se enamoró locamente de ella. Amparo no conocía de encuentros amorosos y me dijo que se encontraba en una encrucijada porque él le gustaba mucho y la tentación era grande. Ella se negó a verlo por unos días, entonces él le propuso llevarla de vacaciones a la isla española de Mallorca para disimular su relación. Amparo le preguntó si podía invitar a su mejor amiga y él dijo que estaría encantado, y que no tenía ningún problema con eso. Amparo no perdió tiempo en llamarme y preguntarme si yo quería ir con ellos, serían solo cinco días, pasajes y acomodaciones eran proporcionados por Pedro. Le consulté a Arabella la invitación y me dijo que como Elina estaba en casa y solo eran pocos días ella no se quedaría sola. Arabella detestaba estar sola.

Volamos por Air France, París-Barcelona. Al llegar ya Perico, como le apodaban, nos estaba esperando. Nos quedamos en el Hotel Palace y esa noche paseamos por las Ramblas y saboreamos las famosas tapas. Yo me sentí contagiada con la alegría de la población. Había en los restaurantes guitarristas y la gente cantaba y aplaudía con todo el sabor español. Al día siguiente abordamos el barco que nos llevaría a Palma, capital de Mallorca. Navegamos toda la noche y desembarcamos cerca de las ocho de la mañana. Al momento de salir del barco Pedro nos dejó perplejas, porque sin decirnos nada había llevado su automóvil descapotable y su chofer para conducirnos por todas partes.

El Hotel Fénix, en el cual nos alojamos, estaba situado dentro de la cadena de hoteles que hay frente al mar. Había flamencos como parte de la decoración. El día era luminoso, prometedor como para un baño en el mar. Los primeros días visitamos gran parte de la isla, las noches se hacían cortas en los cabarés, con espectáculos con música y baile Flamenco.

Pedro era muy simpático y atento, tenía buena figura y mi amiga estaba feliz. El tercer día lo pasamos en la isla de Manacor y el cuarto día en la isla de Formentor, famosa por sus perlas cultivadas. Aproveché la oportunidad de estar allí para comprarle a Arabella un bello collar de perlas como recuerdo de mi visita a las Islas Baleares.

Regresando a casa encontré Arabella llorando. Le pregunte si estaba enferma y me dijo, – "Solamente estoy triste porque me hiciste mucha falta. Estoy acostumbrada a estar contigo, y me hizo falta tu comida, tu risa contagiosa y tu alegría de vivir. Aunque Elina estaba aquí, no era lo mismo. Nadia me cuida como tú."

Elina terminaba su visita con nosotras y regresaba a Montevideo, así pues, le brindamos un cordial adiós.

El verano terminaría pronto y vendría el momento de empezar las clases. Entonces tomamos la determinación de entregar el apartamento y escaparnos a la Costa Azul. Concentramos todas nuestras pertenencias en el auto y yo, mapa en mano, preparada para guiarnos en la dirección de más ventaja para así acortar un poco el viaje. Dentro de ocho horas llegaríamos a Saint Tropez, lugar perfecto para iniciar una nueva aventura.

La ruta escogida hacia el sur era de gran atractivo, pasamos cerca de pueblos de mucho encanto, alguno de ellos se podía observar en la lejanía, el panorama era bello. Arabella condujo las primeras horas sin ninguna prisa, paramos para comer y descansar un poco. A medida que empezaba a obscurecer Arabella se empezó a impacientar y comenzó a conducir rápido, el tráfico de camiones iba en aumento. Arabella tuvo la intrepidez de acelerar entre dos grandes camiones y uno de ellos, el de su lado, embistió nuestro auto dejando la parte delantera como lata de sardinas. Minutos antes del accidente, Arabella me había preguntado, "Te daría mucho miedo morir conmigo" – y yo le contesté – "no" – sin darle mucha importancia. Paramos inmediatamente para verificar los daños y pudimos constatar que a pesar del significativo problema podíamos continuar el viaje hasta St. Tropez. La llanta giraba normalmente pero el susto fue grande. Arabella me pidió excusas por su imprudencia y prometió ser más cautelosa en el futuro.

Eran cerca de las siete de la noche cuando entramos a St. Tropez y para encontrar el hotel que nos habían recomendado pasamos por el malecón que mostraba un grupo de yates lujosos y pequeñas embarcaciones. La vista de la marina era digna de admirar, más para al que le gusta navegar.

El hotel estaba situado en el centro donde todo sucedía. Nos dieron un cuarto con ventanas desde donde podíamos ver caminar a los turistas y residentes del lugar.

Después de tomar un pequeño descanso bajamos a buscar un lugar donde cenar algo liguero pues no queríamos más que dormir. Al siguiente día nos informamos de todo lo que estaba de moda hacer durante el día, y por la noche era impositivo ir a las discotecas. Al lado de nuestro hotel estaba el famoso restaurante con playa y terrazas para tomar el sol, llamado Tahití.

Nos pusimos trajes de baño y pasamos a comprar en la farmacia aceite especial para broncearnos y al mismo tiempo protegernos del sol. Subimos a la terraza de Tahití y al ver la concurrencia nos quedamos paralizadas de ver que todos los hombres y las mujeres tomaban el sol completamente desnudos. Toallas y bronceadores en mano empezamos a movernos tratando de encontrar un lugar donde situarnos, caminando entre los hombres y mujeres sin poner mucha atención, dándonos cuenta de que éramos observadas con curiosidad. Entonces no quedó más alternativa que desnudarse también y seguir la corriente. "¡Si nuestros padres nos pudieran ver!"

La noche se anunciaba interesante, empezando por una discoteca muy conocida. Al llegar nos fuimos directamente al bar porque como estábamos solas era mejor quedarse allí. El lugar estaba lleno y la concurrencia divina, súper sofisticada en el vestir y la manera de bailar, el ambiente era eufórico. Pedimos algo de beber y para nuestra sorpresa se acercaron dos hombres para invitarnos a bailar. El primero era un conocido dentista en París llamado Paúl Albou quien se dirigió a Arabella. El otro era Michel, estudiante de medicina, quien se quedó conmigo. A la media noche nos dieron una mesa cerca de la pista de baile, desde donde se apreciaba más 'la vida loca'. En una mesa cercana estaba Brigitte Bardot y en un momento dado se subió a la mesa a bailar. St. Tropez era y sigue siendo el centro turístico de fama internacional. Las noches y los días se fusionan en una sola, las invitaciones eran múltiples y nos volvimos regulares en restaurantes y discotecas.

Empezamos a conocer a muchos actores y actrices del cine francés, entre ellos Roger Vadim y Annette Stroyberg con su pequeña hija Natalie.

Michel me llevó a conocer casi toda la costa, pasando por Cannes hasta lugares como Villefranche. Todo el tiempo que permanecimos allí él se convirtió en mi guía y compañero.

Arabella y Paul juntos todos los días viviendo un *love-affair*.

Acercándose el momento de regresar a París, Arabella me rogó que volviera sola a París para que yo empezara a buscar un lugar más céntrico para vivir, que estuviera accesible al metro, pues esto sería conveniente para que yo asistiera a mis clases de francés. Arabella empezaría clases de arte dramático en el Teatro Nacional Popular de París (Tempe). Entonces ante esa decisión hice una llamada por teléfono a mi amiga Amparo preguntándole si podría alojarme en su casa mientras encontrábamos un lugar para vivir. Ella me dijo que estaría encantada de recibirme. Este plan me daba una seguridad de regresar sin preocuparme de quedarme en un hotel. Michel se fue unos días antes y quedamos en llamarnos. Natalie la hija de Vadim también tenía que atender al colegio y Roger me permitió compartir el regreso con ella a París.

Arabella tenía planes de manejar con Paúl en su auto y antes de salir para París, ella me lo haría saber. Dijo que se quedaría una semana más con Paúl.

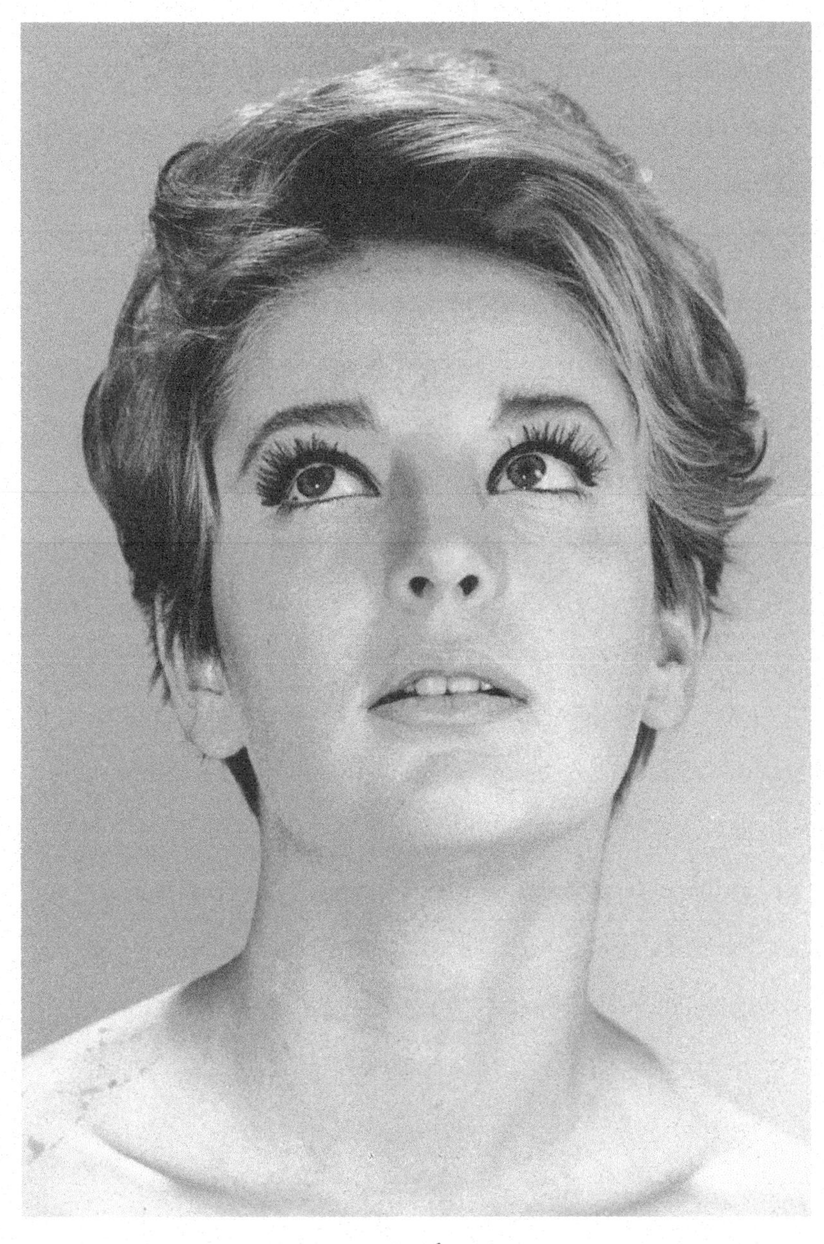

Arabella Árbenz
Paris, 1963

Capítulo Cinco

Segundo aborto

Avenida Hoche, París

Amparo residía en un elegante y espacioso apartamento, el mobiliario era de buen gusto, un poco severo para el alegre carácter de mi amiga. Se componía de un largo corredor de entrada, hacia la derecha terminaba con la cocina y a la izquierda se encontraba un dormitorio y un baño, en el centro de apartamento una estancia grande con sala y comedor, las ventanas daban hacia la avenida. En un recodo del salón había una tarima y dentro de ella una cama que se cerraba con cortinas de terciopelo, lugar en donde yo dormiría. Martica, su sirvienta, situaba su cama portable al final del salón.

La bienvenida calurosa fue reconfortante y me hizo sentir que no estaba sola, para ese momento yo ya podía conducirme con más seguridad ya que hablaba el idioma francés con más fluidez. Me comunique con Jean Pierre el siguiente día para que me llevara a la agencia que rentaba apartamentos, ya que Arabella retornaría pronto. Una semana después decidí rentar un lugar en los Champs-Élysées, en el edificio de la revista Lido de París. Era una suite mínima, hecha para una sola persona. La cama se encontraba empotrada en el closet, sin cocina y el baño era pequeño, pero por el momento era una solución, mientras que encontrábamos un apartamento más adecuado. Por fin regresó Arabella y como el nuevo lugar alquilado lo entregarían en un par de días, siguió quedándose con Paul.

Cuando nos mudamos a la pequeña suite, Arabella y yo tuvimos una larga conversación. Me dijo que Paul le había hecho casi todos los dientes de la parte superior de la boca y le había cobrado una fuerte cantidad de dinero. Para pagarle el trabajo vendería el Mercedes Benz, después de repararlo del accidente, y se compraría un coche más barato. Yo estaba indignada de lo que había hecho con su dentadura pues para mí ya estaba correcta desde antes. Verdaderamente, Paul como dentista había abusado de su confianza. Discutimos lo ocurrido, pero ya era un poco tarde.

Cada noche podíamos escuchar la música del espectáculo en el Lido y empezamos a cansarnos porque el ruido era tan grande que era imposible concentrarse en los estudios. Yo recibía mis clases semanales lo mismo Arabella. Llamé de nuevo a la compañía inmobiliaria y me dieron un nuevo contacto. La dueña del nuevo lugar indicado, Mlle. Franz, me recibió e hicimos el contrato. La ubicación del nuevo apartamento era ideal.

16 rue Euler, apartamento medio amueblado, en el tercer piso, con un elevador y otro para el servicio. El edificio estaba limpio y era bastante moderno, estaba situado entre la Ave Maraceau y la Rue Bassano, a una cuadra de los Champs-Élysées. Consistía en un pequeño vestíbulo de entrada, cocina completamente equipada, baño

completo, un dormitorio, una sala espaciosa con ventanales de pared a pared y con salida a un balcón de regular tamaño. Estaba satisfecha de haberlo encontrado.

Henriette Rameau, la conserje del edificio, se convirtió en mi asistenta. Me lavaba la ropa de cama y cuando yo no tenía tiempo ella limpiaba nuestro apartamento, hacia la compra de alimentos, etc. Ella fue siempre una gran ayuda para mí.

Por las mañanas para bañarnos competíamos para ser la primera, luego desayunar y salir rápido para no llegar tarde a las clases. Los profesores eran severos con la asistencia. Algunas veces tuve la oportunidad de participar como oyente en las clases de arte dramático y una vez a la semana recibíamos en casa a una profesora de dicción quien nos hacía leer a los clásicos como Moliere, Racine, Voltaire, etc. Hacía que nos pusiéramos un lápiz en la boca para pronunciar las erres perfectamente.

En la escuela de arte Tempe, bajo la dirección de George Wilson, Arabella conoció a algunos estudiantes los que luego serían famosos, entre ellos Maurice Caffarelli, de origen italiano con quién actuaría en una película años después.

Papá me escribió dándome la buena noticia de que su hermana mayor, radicada en Francia por más de cuarenta años, había llegado a San Salvador por primera vez después de un largo tiempo ausente. Llegaba para visitar a su familia y al sepulcro de su madre, y al mismo tiempo reclamar su parte de la herencia. Fue grande su sorpresa al encontrar a mi abuela aun viva (vivió hasta los ciento nueve años). Tía Lydia llegó a París acompañada de su padre en los años treinta y se casó con Emmanuel Revire, con quien tuvo cuatro hijos, la hija menor de quince años falleciendo durante la segunda guerra mundial.

Cuando papá le dijo que yo estaba en París, ella le dio inmediatamente la dirección y el teléfono de sus hijos, Janette y William Emmanuel.

Michel, su otro hijo, se había radicado en Lyon (nunca lo conocí). Así pues, con estos datos les llamé por teléfono para hacer una cita y poder conocerlos.

Llamé a la puerta y cuando se abrió y nos vimos la emoción fue increíble, más para William Emmanuel porque había sido él, quien meses antes nos había visto entrar al Consulado de El Salvador, cuando pasaba en motocicleta. Me dijo que en ese momento había pensado que ojalá una de nosotras fuera alguien de su familia de El Salvador. Al reconocerme su alegría fue grande ¡No podía creer que su deseo fuese hecho una realidad!

Pasamos una tarde agradable platicando e intercambiando anécdotas pertenecientes a nuestra familia. Janette estaba casada con un militar americano y pronto se iría a Nueva York a reunirse con él. William Emmanuel no tenía trabajo fijo, su manera de vivir era inestable, tenía una novia llamada Solange. Me invitaron varias veces para mostrarme diferentes barrios y paseos dentro de la cuidad a los cuales yo todavía no había conocido.

Nuestras relaciones sociales se movían a nivel alto, tanto local como internacional debido al rango alto que tenía el padre de Arabella. También la prensa local se interesaba en reportar su vida en la cuidad. Por ejemplo, una mañana caminando por los Champs-Élysées, haciendo varias compras, nos atravesábamos la avenida cuando fuimos sorprendidas por un fotógrafo y al siguiente día nuestra foto estaba en el periódico France-Soir.

Arabella seguía teniendo relaciones amorosas con varios hombres sin tomar ninguna precaución, tal como se lo había aconsejado, totalmente irresponsable en su vida personal. Cerca del año nuevo se dio cuenta de que de nuevo estaba embarazada, sin saber quién podía ser el padre. Esta vez sería más difícil encontrar una solución rápida a esta encrucijada. Interrogando a una de sus amigas, Arabella le dijo en confidencia lo que le ocurría y le preguntó si ella conocía o le podría indicar donde dirigirse. Su amiga le confesó que ella había abortado en una clínica situada lejos, a unos trecientos kilómetros de París y le hizo referencia de lo que el doctor le cobraría. Arabella se comunicó con el doctor y le dio cita para examinarla el 30 de diciembre.

Salimos temprano por la mañana porque para recorrer esa distancia y encontrar la dirección indicada era mejor llegar a tiempo. El lugar estaba situado dentro de un pequeño pueblo en donde sólo existía un hotel. Tomé nota de cómo llegar allí pues no podría quedarme en la clínica con Arabella.

–"Estoy preocupada", dijo Arabella. "¿Que va a suceder si el doctor rehúsa a atenderme?" – "No me escuchaste la primera vez, cuando te advertí que exponías tu vida con un aborto", le contesté. "Y mira la situación en la que te encuentras otra vez. También estoy preocupada por ti." –"No le cuentes a mi madre, y menos a tía Cita. Nunca me perdonaría. Te prometo tener cuidado en el futuro". Yo me sentía incómoda, pero al mismo tiempo estaba al lado de mi amiga en ese momento crucial.

Al llegar nos recibió una enfermera y le designó un cuarto y después la llevaron a la entrevista. A su regreso a la habitación, Arabella venía totalmente descompuesta, lívida y nerviosa. Me dijo que el doctor le haría la intervención siempre y cuando tuviera sexo con ella. Temblando de miedo por la amenaza me pidió que le hiciera compañía y que me quedara allí lo más tarde posible, para así no darle oportunidad al médico de presentarse en su cuarto.

Cerca de las diez de la noche, cuando las enfermeras se habían retirado, escuchamos pasos de alguien que se dirigía hacia la habitación. Entonces empezamos a hablar en voz alta para quien se aproximaba supiera que ella estaba acompañada. Al oír voces el doctor pasó de largo, y se hizo un gran silencio. Se hacía tarde, era casi la media noche y me di valor para regresar al hotel sola. Salí de la clínica y empecé a moverme rápido, entré al pueblo atravesando la línea del tren y para encontrar el hotel, fue fácil ya que era el único lugar iluminado. Al entrar al vestíbulo para registrarme, el empleado me dio una habitación justo arriba del bar, en donde a esa hora había muchos clientes. Con el ruido y la música de quienes repetían miles de veces a Les Compagnons de la Chanson, era imposible reposar, y como hacía mucho frío decidí acostarme vestida, solo me limpié la cara y me lavé los dientes. Ya en la cama me puse todas las almohadas encima para calentarme porque la calefacción era muy pobre.

A las cinco de la mañana me desperté, repetí el aseo y bajé al vestíbulo, entregué las llaves y regresé por la misma ruta. Cuando entré en la habitación de Arabella se puso muy contenta al verme llegar tan temprano, y a las siete la enfermera se presentó para conducirla al pabellón indicado. Yo me quedé inquieta y encomendándola a todos mis santos con gran devoción. A su regreso el doctor había dado la orden de que inmediatamente de despertarse y estar completamente consciente nos marcháramos.

Hora y media después bajamos a la oficina. Arabella pagó la cantidad requerida, llegamos al auto y le pregunté si se sentía capaz de manejar de regreso a casa, y ella me aseguro de que si estaba en buenas condiciones para hacerlo. Ya en el pueblo encontramos una cafetería, desayunamos y continuamos el viaje sin ningún problema. Durante el viaje le hice recordar la conversación que habíamos tendido sobre los peligros del aborto y sus implicaciones morales. Arabella había crecido en un ambiente ausente de una guía moral y religiosa.

Fin de año, 31 de diciembre, llegamos a casa. París estaba luminoso, el día lucía con esa luz tenue del invierno, ese año había nevado un poco en la cuidad, para mi ver la nieve era una novedad.

Por la tarde alguien llamó por teléfono a Arabella, ella en ese momento no hizo ninguna mención de la llamada, pero cerca de las siete de la noche se dio la gran vestida y se largó con el tipo que la llamó. Ese fue mi primer año nuevo en Francia, y a pesar de estar sola, mi moral era buena, era solo un día más, una fecha que no debía darle un gran significado. La decisión que tomé al dejar El Salvador era genuina, el siguiente año sería mejor, amaba estar en París.

Capítulo Seis

Mi primera aventura

Enero 1, 1961.

Arabella apareció al medio día. Cuando entró al apartamento trató de no mirarme cara a cara, yo sabía que se sentía culpable y evitaba un reclamo. Yo la recibí de lo más normal, sin prestarle ningún interés, ni preguntar con quien había estado. Luego se dirigió a tomar un baño y escuché que hacía unas llamadas telefónicas. Al terminar me dijo:

– "Quiero que vengas conmigo a cenar a un lugar especial, se trata de ir a Montfort-l'Amaury, un lugar situado en las afueras de la ciudad realmente idílico y la especialidad en el hotel es el pavo Navideño. He conseguido con buena suerte una habitación para no regresar esta noche."

Atravesamos el parque de Boulogne para seguir la auto ruta del oeste, el camino hacia Montfort era de hora y media. Hablamos durante el trayecto de varias cosas, pero yo no mencioné temas que provocaran una desarmonía. El lugar era verdaderamente único, cinco estrellas, tanto en la comida como en la decoración del hotel, un regalo para compensar el desdén de dejarme sola el primer año nuevo en

París. Mi actitud era siempre de amiga leal, confortándola cuando era necesario y nunca de culpar o herir. Todos los años que tome el mando de casa me dieron la experiencia de resolver problemas álgidos con diplomacia y comprensión. Mi tacto y mi comportamiento cariñoso para con Arabella la hacían reaccionar de una manera positiva. Yo también entendía que Arabella nunca cambiaría y yo la aceptaba como era. Siempre estuvimos en grata armonía.

Amparo me hizo saber que pronto llegarían un par de amigos Bogotanos magnates, muy de su medio y que le gustaría presentármelos. Para festejarlos organizó en su apartamento un coctel y luego ir a un restaurante a cenar. Aparecí en su casa temprano para que ella me diera más detalles. Yo me presente elegante, con un vestido de la casa de Pucci, estampado de colores aguamarina, azul y verde, de fino jersey, de largo midi con zapatos de tacón alto para darme estatura.

Álvaro y Guillermo eran ambos divorciados, el primero con hijos y el segundo, más joven, parecía no tener hijos. Hairo, el embajador, a la costumbre latinoamericana, llegó tarde, y me pareció que ya había tomado un poco. Álvaro era muy bien parecido, bastante orgulloso en su manera de conducirse y Guillermo, no tan guapo, pero más campechano, era alegre en su variada conversación. Guillermo me puso mucha atención, me miraba bastante. Amparo ya entonada por los cocteles, y con música de cumbia el baile se impuso. Hairo también hizo la velada entretenida con sus poemas y canciones creadas por él, como, 'No Puedo Ser Feliz' y 'Nos Hemos Separado', líricos dedicados a su exmujer, recitados con cierto manierismo que dejaba sospechar sobre su sexualidad. Martica preparó canapés y nos quedamos allí sin desear ir a ninguna parte.

Por la mañana siguiente, Guillermo me invitó a almorzar y me citó en su hotel, el George V. La recepción fue muy efusiva. De entrada, me hizo saber que yo le gustaba mucho y me dio detalles de su vida y de sus negocios en Colombia. Durante la conversación me habló de su familia y también de su divorcio. Dijo que se casó muy joven y que ella no quería tener familia, esa fue una de las razones por lo cual decidieron separarse. Al final de la comida me pidió verme otra vez. Yo me sentí atraída por su manera cálida de tratarme y quedamos de salir la noche siguiente. Álvaro y Amparo quisieron unirse con nosotros para esa velada y terminamos en el Moulin Rouge.

Aunque el propósito de su viaje era de comerciar sus productos en Europa, dedicaba momentos para estar conmigo lo más posible, con acercamientos amorosos. Una tarde, los impulsos de deseo me llevaron a aceptar hacer el amor por primera vez, sin estar, por mi parte, locamente enamorada. Sabía que su regreso se avecinaba y me preguntaba cuál sería su actitud al despedirse. Si iba a perder mi virginidad, lo quería hacer con un hombre como Guillermo, bien educado, culto y todo un caballero. Cuando llegué a casa, Arabella estaba lista para interrogarme. Con una risa maliciosa me preguntó – "¿Y qué sentiste? ¿Te gusto?" –"Bueno, no sentí mucho. Voy a necesitar práctica. Lo voy a repetir a ver qué pasa". Por supuesto Arabella disfrutó con mi íntimo episodio, me dio un abrazo y dijo ya estábamos iguales y nos reímos bastante.

Guillermo me propuso reunirme con él en Colombia, presentarme a sus padres y casarnos allí. La importancia que tomaba esta relación tan inusitada me hizo interrogarme a mí misma, si ese era mi deseo, regresar a la vida del terruño como esposa, aunque rica, pero con la rutina del medio ambiente. Visualicé una gama de nuevas y mejores experiencias para estar segura de poder ser fiel a ese hombre y me declaré incapaz de seguirlo. No prometí nada en esencia, y se fue.

Pasaron un par de meses y alguien llamó por teléfono preguntando por mí. Era una chica que llegaba a París procedente de Bogotá con una carta y algo más que me enviaba Guillermo. La recibí contenta al saber de sus noticias, la misiva era muy cariñosa, reiterando lo ofrecido y con la esperanza de que yo cambiara de opinión. En una pequeña caja había incluido tres esmeraldas sin pulir, para que un joyero me hiciera una pulsera o algo más. Este pequeño detalle me emocionó mucho al pensar que Guillermo todavía estaba interesado en mí, pero yo seguía firme en mi decisión. Agradeciéndole de su molestia por llevar el encargo de Guillermo, nos despedimos y nunca más nos comunicamos.

Capítulo Siete

Debutando como actriz

Maurice Caffarelli era un joven actor que empezaba a destacarse en el mundo de nuevos artistas, bien parecido físicamente y lo conoció Arabella en las clases del Tempe y tenían una relación romántica. Él fue contratado para actuar en una película llamada, 'Le Petit Garçon de L'ascenseur'. La producción se llevaría a cabo en Monte Carlo. Maurice propuso a Arabella para un pequeño role y fue aceptada. A pesar de que su presencia en el filme no era de gran importancia, ella estaba satisfecha de tener esa oportunidad, para tal vez probarse a sí misma si tenía la estatura para llegar a ser una buena actriz, pues esa era su meta.

La duración de su carácter en el filme sería aproximadamente de dos semanas en Mónaco, y por lo consiguiente al comienzo de su primera semana en el rodaje Arabella quiso que yo fuera también.

El tren era el mejor medio para llegar hasta allá. Al llegar a Marsella y parar en la estación, repentinamente los parlantes anunciaron que posiblemente los trenes iban a dejar de correr debido a un problema laboral, y que por el momento los pasajeros nos quedáramos en él hasta nuevo aviso. Parecía que los empleados de la estación estaban en contacto con los jefes del movimiento y esperaban nuevas órdenes del sindicato. Ante esa incertidumbre yo me interrogaba que hacer, si el paro era definitivo, como avisarle lo acontecido a Arabella. Simplemente sentimos que el tren se movía y continuamos hasta Niza. Allí el paro fue definitivo. Bajamos en la estación de Niza, y a esa hora de la noche busqué un taxi que me condujera hasta Monte Carlo. Casi a la media noche, cuando soné a la puerta de la recámara del hotel, Arabella dio un grito de alegría porque estaba muy tensa pensando lo peor. Su día de trabajo empezaba temprano a la mañana del día siguiente. Llegar hasta el set tomaba un buen tiempo, pero alguien la vendría a recoger.

Por mi parte no pude quedarme en cama pues durante el viaje prácticamente no comí. Soñaba con alimentarme, de inmediato bajé al lobby del hotel y me indicaron la dirección del comedor. Entonces noté que en el vestíbulo del hotel había un grupo concentrado de gente que hablaba en voz alta, con grandes gestos y pensé, ¿De dónde habrá salido esta pacotilla tan vulgar? Para entrar al comedor, tenía que pasar cerca de ellos y para mi gran sorpresa, alguien de la comitiva gritó, – "¡Noemi Cano!" Al escuchar mi nombre era inútil hacerme la desentendida, ya no podía ignorar que me conocían. El grupo era un tour de personas de El Salvador y dos de ellos eran amigos de mis padres. Llegaban procedentes de Roma guiados por un sacerdote, y este sería el primero de dos días en Mónaco. Les saludé cortésmente y me invitaron a seguirlos para conocer la cuidad. Visitarían el Palacio Monegasco, observando el cambio de guardia y para luego continuar la jornada en sus alrededores. Pensé que era conveniente aceptar el ofrecimiento porque así evitaba hacerlo sola.

Dejé en nuestra recámara una nota explicándole a Arabella mi encuentro por si regresaba antes que yo. El itinerario del tour empezaría por el Palacio. Cuando llegamos ya había turistas en considerable número acompañados por sus respectivos guías, quienes ordenadamente los conducían por los salones designados solo para visitantes. Nosotros les seguíamos de cerca. Después de admirar la belleza interior Palaciega, seguimos a observar el cambio de guardia que se llevaba a cabo en el atrio de la entrada.

Monte Carlo es extraordinariamente bello. ¿Cómo describirlo? Su natural encanto, su ubicación entre montañas y el mediterráneo, rodeado de elegantes villas diseñadas por famosos arquitectos de la época y habitadas por familias de gran renombre. Villas de ensueño, incluyendo sus jardines con exóticas plantas, traídas tanto del trópico como de Malasia, las cuales se adaptaron perfectamente por el ambiente cálido del lugar.

La jornada del siguiente día se hizo corta, había tanto que ver. El Hotel de París, el vestíbulo donde circulan mujeres y hombres de exquisita elegancia, bajando de sus autos guiados por choferes de librea, era todo faustoso. De una opulencia que nunca me hubiera imaginado.

Mi grupo se sentía agobiado ante semejante despliegue de lujo. Cuando entramos al casino tuvimos que registrar las cámaras fotográficas, pues no era permitido tomar fotos del interior. Las Boutiques que circundaban el famoso Hotel de París representando todas las casas de modas parisinas e italianas competían mostrando en sus vitrinas el último grito de la temporada. Los habitantes del Principado rendían homenaje al Príncipe Rainier, descendiente directo de la casa reinante Grimaldi. Desde San Remo, cuidad italiana colindante, provee a Monte Carlo con sus mejores vinos regionales, frutas y su conocido prosciutto.

El grupo de la excursión continuaba su recorrido a París, así que me despedí de ellos dándoles las gracias. Nosotras nos quedamos diez días más y yo tuve la oportunidad de recorrer más la cuidad, incluyendo su magnífica marina con sus lujosos yates y pequeños botes, y en la lejanía vimos una regata que jugaba con las olas.

El rodaje concluyó y Arabella satisfecha con su papel en la película regreso a sus clases de drama en París con más convicción de seguir una carrera como actriz. La película no tuvo éxito, la crítica juzgó el tema y actuación mediocre. Arabella se conformó con esa opinión, solo le dio impulsos para seguir en esa dirección.

El romance con Maurice terminó como todos los otros. El modus operandi de Arabella era el siguiente: Locura, pasión, magia, entusiasmo, sexo, enamoramiento inmediato. Fastidio, decepción, aburrimiento, acoso por ellos, rompimiento. Este proceso duraba típicamente una semana, tal vez dos.

– "He conocido a ___. Es un hombre fabuloso, increíble en la cama. El mejor, me fascina, estoy enamorada." Aunque estuviera estudiando, Arabella insistía en sentarse conmigo para divulgar todos los detalles de su primer encuentro y las razones por su enloquecimiento. Semana después, entraba de mal humor, tirándolo todo, llorando. – "¿Qué paso?" "Ya quebramos". Arabella siempre tenía una excusa para terminar su *affaire*. Se aburría de los hombres en la cama, o se cansaba de su conversación. Algunos no tenían la capacidad intelectual como para entretenerla todo el tiempo. Arabella era culta y su intelecto necesitaba mucho más. Nadie se comparaba con ella. A esa edad, Arabella ya había recorrido parte del mundo, se defendía hablando cinco idiomas y necesitaba de una persona que la llenara sexualmente, pero al mismo tiempo intelectualmente.

Finalizaba el verano y todo París se preparaba para el siguiente período, retorno a los estudios, la apertura de nuevas revistas musicales, piezas de teatro, colecciones de moda. La cuidad se renovaba, animada con un nuevo brillo.

Paul Louis Weiller (magnate francés, benefactor, amante de las artes, propietario en Venezuela de pozos de petróleo y anfitrión de los Duques de Windsor en uno de sus hoteles particulares esparcidos por toda la cuidad) era nuestro nuevo amigo.

En esos días al comienzo de la nueva temporada otoñal, Paul Louis ofrecía una recepción al medio día en su castillo situado en la Cuidad de Versalles. La entrada a la mansión se abría con un espacioso vestíbulo hasta unirse a la izquierda a un largo corredor. Frente a él, había un patio adornado con bancas esparcidas a su alrededor, a la derecha un alto muro con límite de la propiedad y cubierto con hiedra. La concurrencia era considerable, probablemente de unas treinta personas. Paul Louis se mezclaba entre sus invitados, pero al mismo tiempo se mantenía atento para dar la bienvenida a sus amigos. Era un hombre de unos sesenta y ocho años, no muy alto, de distinguida figura, siempre con sonrisa amable. Le interesaba la descendencia de las personas y del país de donde procedían. A nuestra llegada acudió a saludarnos y presentarnos con algunas de las personas cercanas, y un poco más retirado de la entrada había un grupo entre ellos Maurice Chevalier, Juliette Greco, Marlene Dietrich, y Marisa Berenson. La costumbre de la casa era de ofrecer, antes de abrir el bar, una mezcla de jugo de frutas y vegetales para amenizar poco después con bebidas alcohólicas. Llegó el momento de pasar al comedor. Las mesas para acomodar a seis personas estaban colocadas en una amplia sala, en cada plato había una hoja de hiedra con el nombre del invitado y también un menú impreso. Después de la comida se sirvió el café y poco a poco todos los invitados empezaron a despedirse del anfitrión, luego de una reunión fascinante. Estos personajes se convertirían en nuestro grupo social.

Arabella empezó a no presentarse a sus clases. Entró en un período de indolencia que me hacía a mí también omitir ciertos días de mis lecciones. Empezaba a cambiar el tiempo, haciéndose más frío cada día y ella me convencía de quedarnos más tiempo en casa. Nos llevábamos tan bien, que nunca pude resistir pasar todo el día juntas, platicando y planeando la nueva temporada. – "Nono, no vayas a las clases ahora, quédate conmigo", decía Arabella. "¡Noñis, quédate en casa, ya manejas el francés suficiente!"

Entre los proyectos que teníamos en mente, era darles un aspecto diferente a los abrigos de invierno. La moda en ese momento mostraba los cuellos altos y Arabella sabía coser, y para que yo aprendiera me motivaba con regalos. Emplazamos la máquina en una mesa en medio de la sala y no descansábamos hasta terminar los cambios del nuevo diseño, noches largas pero satisfechas al notar la diferencia.

Durante una de nuestras charlas nocturnas, Arabella me preguntó si yo estaría de acuerdo en mejorar mis facciones con una cirugía plástica en mi nariz. Su sugerencia me interesó mucho, cambiar físicamente era provocante. Empezaríamos por informarnos quiénes eran los mejores en esa especialidad y entre ellos estaba el Dr. Vavin. Este doctor era famoso entre los artistas de cine, y los del Jet Set. Pero en una visita rutinaria con el médico que nos atendía le mencionamos el proyecto, y él nos recomendó a un médico poco conocido pero magnífico en la cirugía estética. En mi primera entrevista con él, después de un examen detallado, aprobó la operación y tomó fotografías de diferentes ángulos de mi cara.

Se fijó una cita para la intervención y me presenté en su clínica situada en Neuilly-sur-Seine como acordado. Al terminar la operación me condujeron a un cuarto privado en donde me quedaría la noche, el doctor vendía al siguiente día a revisarme y darme de alta. Mi buena amiga Amparo me atendió en su casa al dejar la clínica pues Arabella estaba ausente con un amigo fuera de París.

Fueron ocho días de inquietud para verificar el resultado. Llegó el momento esperado. Cuando el doctor removió los vendajes y me mostró en un espejo mi nueva imagen, dejó una impresión indeleble de regocijo y sorpresa del cambio operado. ¡Me creí una Pier Angeli! Arabella estaba estupefacta del cambio que era magnífico, natural, pero sin ser drástico.

La Navidad en París es espectacular, las grandes avenidas lucen decoradas en gran gala y los almacenes y galerías con suntuosas y elaboradas ornamentaciones. Hacen de esa celebración, no solamente religiosa sino también tentadora de adquirir todo lo que enseñan en sus vitrinas.

Esa noche de Noel cenamos el tradicional pavo en casa, intercambiamos regalos y para celebrar el año nuevo, yo lo pasaría con Amparo y sus amigos, así Arabella estaría libre de tomar su propia decisión.

Capítulo Ocho

Visita de María

1962

Enero llegó con una sorpresa inesperada, María de Árbenz, mamá de Arabella viajó desde Cuba a París para visitar a su hija. A pesar de mantener una frecuente correspondencia era su deseo verla. A tempranas horas de la mañana despertamos con el timbre del teléfono. Arabella fue a contestarlo y yo al escucharla, con la emoción que decía– "¡Mita!" Me di cuenta de que hablaba con su madre. Luego, al finalizar la llamada me dijo, – "Mamá está aquí y esta noche quiere vernos. Tal vez sería conveniente que solo tu fueras a saludarla porque yo hice una previa cita y no quiero cancelarla."

Mi comentario fue un poco fuerte, me pareció una solemne descortesía y rudeza despreciar el momento de estar con su madre. A la hora convenida me presenté en su hotel y cuando me anuncié en la puerta de su recámara, María me miró asombrada de mi cambio físico y también de verme sola. Me introdujo en su recámara con una actitud triste de desilusión al ver la ausencia de Arabella. El ignorar la importancia de su persona le fue difícil de aceptar.

Durante la cena en un restaurante cercano a su hotel tuvimos una plática franca respecto a Arabella. Ella quería informarse de sus estudios y vida privada, yo hice un relato prudente para que cuando ellas se encontraran entrarían en más detalles.

María me impactó con su fuerte personalidad e inteligencia, yo no había tenido la oportunidad de relacióname con ella cuando estuvimos en El Salvador. Ella se sintió contenta de conocerme y el acercamiento cariñoso fue mutuo. No me dio ningún detalle de su nueva vida en La Habana, la conversación se centró más en nosotras y quedamos en reunirnos en nuestro apartamento al siguiente día.

Para darle la bienvenida a María, decidimos festejarla informalmente, pero con un repaso de platillos que creímos no habría gustado por algún tiempo. Arabella fue a su encuentro muy efusiva y lloró un poco, lo cual conmovió a su mamá. La plática se hizo general y después de terminar el almuerzo, yo decidí salir de compras para dejarlas solas. Mi gesto fue tomado con agrado.

Los días pasaban rápido, María nos visitaba diariamente, gozábamos de ratos alegres en su compañía. También hacia muchas compras para llevarle a sus hijos ciertos artículos que no se podían obtener en Cuba.

Estando en casa, hubo una llamada telefónica y María prontamente la contestó pues posiblemente nosotros no estábamos cerca. Al colgar el teléfono corrió a buscarnos y dijo:

– "¡No lo puedo creer, es Gary Grant preguntando si podía dejarle un recado a mi hija!"

Su permiso expiraría en un par de semanas y su deseo era de visitar

Londres, entonces María nos invitó a acompañarla. Arabella dijo que no podía ir, sin dar una explicación, sólo yo iría con ella. En cuanto estuvimos solas Arabella me reveló que estaba otra vez embarazada. Yo me quedé atónita ante semejante e inesperada noticia, y dijo que para darle un término había encontrado por medio de amistades una mujer que era enfermera de profesión y quien recibía ese tipo de clientela en su domicilio. Yo me sentí alarmada por la manera en que iba a proceder. Esa era la razón por la cual no podía viajar. Me hubiera gustado quedarme, pero no podría retractarme, María contaba conmigo para hacer el viaje juntas.

Durante el vuelo hacia Londres, *Mita*, como yo la empecé a nombrar, también me hizo saber que sentía en ese momento el deseo en confiarme sin reservas momentos importantes y esenciales de su vida privada, que necesitaba abrirse conmigo y que durante su estadía con nosotras me había observado y catalogado como una verdadera amiga.

– "No sé si mi hija te ha contado con detalle el fracaso de la presidencia de Jacobo en Guatemala, instigada por la CIA. Sería imposible relatarte toda la historia de los precedentes dirigentes en Guatemala. Como tú sabes, los golpes de estado seguidos de elecciones son parte de la historia latinoamericana. Mi esposo fue nombrado primer ministro de defensa para luego ser presidente. En ese momento yo ya estaba envuelta apoyándolo con sus ideas de obtener un cambio radical para proteger al pueblo de tanta injusticia social. A pesar de mi nacimiento en una sociedad de clase alta y rica, yo observé desde muy joven el abismo que existía entre las clases sociales en ese dominio. Empecé a leer y a informarme con libros de ideas socialistas para una mejor comprensión de como acomodar nuestros pueblos en ese idealismo. En ese momento de la presidencia ya existían en Guatemala movimientos izquierdistas quienes buscaron unirse con Jacobo.

Se decidió la introducción de la Reforma Agraria en algunas áreas del país, como en las áreas designadas a la United Fruit Company cuyos propietarios eran americanos. Extensas partes de tierras que ellos mantenían sin cultivar, lugar perfecto para reacomodar a múltiples familias quienes disfrutarían de un patrimonio a explotar. Inmediatamente los gringos reaccionaron con actitudes agresivas, tratando de intimidarnos para retractarnos y devolverles las zonas confiscadas. La United Fruit Company se había apropiado prácticamente de nuestro país. Las bananeras funcionaban bajo su dirección y vigilancia, hasta los trenes que llevaban hacia los puertos la mercancía. En fin, todo era manejado por los americanos. Los trabajadores locales eran maltratados y mal pagados. Nuestra soberanía estaba totalmente comprometida con el imperialismo americano.

Ante esta grave situación teníamos que tomar las riendas de una patria explotada y controlada por ellos. Esta fue la razón por la cual se creó el golpe de estado, infame manera de tildarnos de comunistas y expulsarnos de Guatemala.

Tanto en El Salvador como en Nicaragua, siempre de hinojos ante este poderío americano se prestaron cobardemente a cubrir la trama de la CIA, juego llevado a cabo con la participación del coronel Castillo Armas."

Me atreví a preguntarle, – "¿Por qué si Uds. no creían en el comunismo, buscaron asilo en países marcados por ese régimen?" María me respondió:

– "Porque en el resto del mundo internacional nos cerraban las puertas. No tuvimos más opción que buscar lugares de esa índole en donde nos acogerían. Fue triste constatar que la mentira lanzada por los americanos nombrando a Jacobo como el primer presidente comunista en Latinoamérica pusiera un sello, una marca en nosotros, difícil de borrar en la opinión pública. Nos señalaron para siempre. No había otra alternativa.

Uruguay nos brindó un gran solaz en su acogida. Fue el único país hispano que se interesó en ayudarlos. Montevideo, una bellísima cuidad, tiene un sello europeo en su arquitectura y su población está integrada por una variada mezcla de mestizos, españoles e italianos. Se identifica como muy progresiva en sus ideas y leyes, además de poseer playas bañadas por el Atlántico y su famoso balneario *Punta del Este*. Fue para nuestra familia sentirse liberados de tanta incertidumbre, por fin en un lugar seguro.

Después de vivir por algún tiempo en esa nación nos llegó una propuesta de La Habana para radicarnos en Cuba. Confieso que fue duro partir otra vez, pero queríamos estar más informados viviendo cerca en el Caribe. Sudamérica estaba tan lejos de la patria.

Todavía existían en Guatemala grupos simpatizadores de la causa de Árbenz, que deseaban poder intercambiar ideas e informarse de nuestra vida en Cuba". Y para suplir esa necesidad María compró un radiotransmisor que desde La Habana podía entrar en contacto con ellos. Aunque Jacobo y su familia gozaban ciertos privilegios como en la alimentación, también carecían de algunas libertades con respecto a las disposiciones del lugar. Sólo eran invitados para ciertos eventos.

En Londres nos hospedamos en el Green Park Hotel, hotel sin ninguna pretensión, pero cercano para caminar hacía las estaciones del metro y Picadilly Circus y tiendas muy conocidas. Yo había sido siempre admiradora de la Corona y estaba el primer día impaciente por conocer la cuidad. Empezamos por observar el cambio de guardia en Buckingham Palace y caminamos por sus alrededores. Por la noche disfrutamos de una revista musical en un teatro local.

La mañana siguiente continuamos la jornada visitando lugares como la famosa Torre de Londres, St. Paul's Cathedral, el Museo Británico, etc., y terminamos cenando en Soho. Para cerrar la excursión con un nuevo prospecto queríamos conocer el Castillo de Windsor, residencia verdaderamente impresionante, digna de reyes.

Regresamos al final de la tarde, dándonos tiempo para finalizar las últimas compras y descansar para el regreso a París. El vuelo estaba programado para salir a tempranas horas de la mañana.

Ya en París, cuando abrí la puerta del apartamento noté un gran silencio. No sé por qué tuve el presentimiento de que algo sucedía. Llamé en alta voz a Arabella y al no contestar me dirigí al dormitorio en donde se encontraba acostada y con una débil voz me dijo, – "Me estoy muriendo".

Completamente sin fuerzas, estaba temblando de frío y se veía muy pálida. Se había hecho el aborto y tenía una infección, era el momento de llevarla a un hospital. Llamé a María a su hotel y le pedí que viniera inmediatamente a casa, le informé lo que ocurría y la urgencia que requería de una intervención médica. Se presentó rápido y entre las dos logramos vestir a Arabella para conducirla al hospital más cercano. Yo me quedé inquieta solo esperando de sus noticias.

Mientras estuvimos en Londres, en nuestras charlas, yo omití completamente mencionar la conducta privada de su hija, pero en esta ocasión no se podía ocultar más lo ocurrido y ella había sido testigo palpable.

Al siguiente día, aparecieron al medio día, ambas se notaban tensas. María sin descansar porque se quedó con Arabella, prácticamente no pudo dormir. Arabella se dirigió a la cama y Mita se retiró a su hotel. Al despedirse dijo que vendría después.

El momento de su partida fue triste, yo personalmente sentía gran afección por María. Arabella le prometió seguir sus estudios y comportarse mejor sin comprometer su salud. Durante su recuperación, yo atendí a mi amiga como siempre, con esmerada atención y casi como una madre. Ya reclamar lo que había hecho no tenía sentido. Arabella era irresponsable y no iba a cambiar.

Arabella y Noemi en ruta a Almería,
España 1962

Capítulo Nueve

Mis amoríos con Omar Sharif

En una de esas rápidas y locas decisiones para escaparse de la lluvia parisiense, pensamos que Sevilla era el perfecto lugar en donde disfrutar del sol de Andalucía, posición geográfica en la época de los moros.

Sevilla ofrecía además de su belleza natural, aspectos de diferentes índoles, como sus famosos monumentos de El Alcázar y la Giralda, también como edificios de arquitectura arábica, sus bien conocidos platillos y el ambiente eufórico de sus tablados.

El mundo cinematográfico encontró en Sevilla el punto focal para situar parte de la filmación de *Lawrence de Arabia*, visitar el set se imponía para cerrar la aventura del viaje. Cuando nos permitieron darle una vista al lugar del rodaje, Arabella fue presentada a Peter O'Toole, actor principal de la película. El encuentro fue mágico, surgió una instantánea atracción. Sería imposible negar el impacto que Arabella provocó en Peter desde el momento que la conoció. Ella se sintió atraída por su impresionante presencia, encantador y carismático manierismo. Instantes inolvidables cuando dos seres se gustan, la admiración fue mutua. Arabella a su regreso de Sevilla, recibió la tan ansiada llamada de Peter.

Por aproximadamente un mes Peter llamaba a diario. Arabella estaba siempre atenta a contestarle y se veía ilusionada por su manera de hablar con él. Por ver su significativo entusiasmo me di cuenta de que se había enamorado. No era su típico comportamiento. Su modus operandi había cambiado. Se veía ansiosa por recibir sus llamadas. Noté que algo estaba diferente. Peter ya era un personaje conocido, un hombre maduro que tenía un *sex appeal.* Era la primera vez que Arabella se había interesado en un hombre de su altura.

La producción de la película se trasladaba al sur de España, a una mediterránea población llamada Almería, situada entre Granada y Valencia. Se movían a esa región porque su terreno árido era muy parecido al norte de África y entre otras ventajas la población tomaría parte como extras, pues el rodaje necesitaba de mucha gente.

Durante una de las conversaciones telefónicas con Peter, Arabella le habló de nuestra gran amistad y que ella confiaba plenamente en mí, quien era su confidente leal de su vida privada, ambas nacidas en Centro América, en donde nos habíamos conocido. Aprovechando una de sus llamadas, Arabella nos hizo intercambiar brevemente saludos. Peter trato de expresarse en francés mientras que yo también decía algunas palabras en inglés. Nos reímos mucho.

Para reinstalar y continuar la filmación de la película, ocupó varios días a la compañía encontrar lugares apropiados para alojar a todos los actores y sus acompañantes. Almería estaba en fiebre.

Peter independientemente alquiló una villa un poco alejada del centro de la cuidad para así gozar de más privacidad, tomando como compañero a su amigo Omar Sharif, también actor estelar del filme.

El romance hasta el momento platónico entre Peter y Arabella necesitaba establecer pasos firmes para realizar el apetito del amor. Y para realizarlo, Peter le comunicó su deseo de verla y para esto acordaron encontrarse en Almería, sin especificar por cuanto tiempo. El rodaje tomaría algunos meses en esa locación.

Al concretarse la fecha de salida, Peter conociendo nuestra estrecha amistad y para agradar a Arabella me incluyó en la invitación. Ambas estábamos encantadas de ir juntas. Dejamos ciertos pagos adelantados porque al no tener la seguridad de fecha exacta de regreso era mejor cubrir cualquier eventualidad.

Aterrizamos en Málaga al final de la tarde. Yo llevaba en brazos a mi perrita Kooky (Yorkshire Terrier). En el aeropuerto nos estaba esperando José, quien estaba encargado de conducirnos hasta Almería. Nunca nos imaginamos lo lejos del recorrido. La limosina, aunque fuese confortable, las ocho horas de viaje se nos hicieran agotadoras. Pasamos por acantilados estrechos y peligrosos, hasta se podía oír el rugir de las olas del mar que golpeaban cerca. Tratamos de dormir un poco, pero al entrar al pueblo de Almería, José, gentilmente dijo, – "Señoritas, hemos llegado."

La Villa, estilo colonial con dos pisos de fachada, estaba rodada de jardines con entrada de vehículos hasta la puerta principal. Mientras nosotras nos dirigíamos al interior de la casa, un sirviente vino prontamente a recoger el equipaje. Peter y Omar, al escuchar nuestros pasos, se levantaron de donde estaban para recibirnos y entramos a una estancia grande con la chimenea encendida, pues a esas horas de la madrugada hacía frío.

Después de presentarnos nos ofrecieron Champagne. Había una mesa servida de canapés y fruta en el centro del salón. Peter y Arabella iniciaron una íntima conversación. Mientras tanto, Omar y yo platicábamos en francés, él curioso por conocerme, mostrando un estimulante interés.

Yo le observaba disimuladamente encontrándolo muy atractivo. Su piel morena y ojos de mirar intensos, sonrisa encantadora, creo que nos gustamos inmediatamente. Peter era también impresionantemente guapo, glamoroso y con una gran personalidad. Él estaba deseoso de retirarse con Arabella, pero para no lucir mal educado se dirigió a mi preguntándome si estaba cansada. Yo le contesté con una inclinación de cabeza sin decir mucho, momento perfecto para excusarse y desaparecer. Omar sin preguntar, me tomó en brazos y yo creyendo que me escoltaba a mi habitación me llevó a la suya, hasta contemplar el amanecer.

Yo estaba sorprendida de esa provocación. No hubo necesidad de palabras. Fue un impulso innato de su parte. Su mirada lo dijo todo. Yo, por mi parte, no esperaba nada de esta visita sino más que acompañar a mi amiga. Nunca me imaginé que Omar hubiese mostrado un interés instantáneo por mí. Yo también me sentí atraída por él. Fue un verdadero *coup de foudre*. Nos enamoramos esa noche.

La rutina de la casa era la siguiente: Al medio día desayuno con menú a escoger (había un chef permanente en la villa). Luego era opcional tomar el sol en las terrazas, ir al pueblo de compras, o pasear por los alrededores en coche de caballos. A las cuatro de la tarde se servía el almuerzo-cena bien sustancioso, porque a las cinco de la tarde, una limosina se presentaba para llevarnos al lugar de la filmación de *Lawrence de Arabia*. El rodaje era diario, de seis de la tarde a seis de la mañana. El lugar escogido estaba situado a casi una hora afuera de la cuidad.

Para nosotras estar presentes en la filmación fue increíblemente excitante. El auto al llegar nos dejó en el camper (roulotte) designada para ellos, en donde el equipo de producción se presentaba para el vestuario y maquillaje. La roulotte estaba equipada con todo confort, baño, bar con bebidas calientes o frías, sándwiches, etc. Peter tomaba café con brandy. Omar fumaba constantemente mientras los llamaban para actuar. Era el centro de visita de actores, guionistas y otras personas que formaban parte del personal de la filmación.

Cuando nos dirigimos al lugar en donde empezaría esa noche la primera llamada, lucían enormes tiendas árabes erigidas para la ocasión, en su interior vestidas de alfombras con toda la apropiada decoración. En los alrededores había camellos y enormes cámaras de filmación e iluminación. Me parecía increíble ser testigo de este evento.

Antes de darles la señal a los actores, ya en sus lugares asignados, nos situaron detrás de las cámaras para observar desde allí la filmación sin causar interrupciones al movimiento de los camarógrafos. Cuando ya sentadas en sillas de directores, repentinamente apareció el director de la película David Lean. Se presento muy cortés y después de saludarnos se dirigió a mí, porque yo tenía en los brazos a mi perrita, para advertirme que, si el perro ladraba o se movía durante la filmación, no me daría más permiso de presenciar el rodaje. Yo le aseguré que tendría mucho cuidado. Felizmente nunca hubo ningún problema ya que mi Kooky se portó bien. Estuvimos presentes en la filmación durante todo el tiempo que vivimos con Peter y Omar.

Los actores en general eran amables, el único que se mostraba distante era Anthony Quinn. Él andaba siempre acompañado de Estella, su asistente personal, chica italiana con quien se casó después. Por el contrario, Anthony Quayle nos visitaba en la Villa frecuentemente, tal vez porque era el más joven de todos los actores.

En una de las escenas a tomar, esa noche precisamente tomarían parte hombres del pueblo como extras, con sus disfraces de árabes y los tenían concentrados cerca de donde habían emplazado la comida para la escena siguiente. Cuando llegó el momento de emplazar el enorme plato de cuscús en el centro de la tienda, se dieron cuenta que gran parte había sido consumido por los extras. David Lean estaba furioso por el retraso y para reemplazar rápido el plato, lo mezclaron con arroz para rellenarlo. En el corte final de esa noche, casi no mostraron el plato de cerca, y fue comentado como un cómico incidente.

Las semanas se sucedían volando, siguiendo su ritmo normal. Cuando Omar y Peter tenían tiempo libre nos dedicábamos a hacer excursiones por los alrededores, algunas veces cenábamos en restaurantes de la cuidad. Un domingo, Omar me llevó a la corrida de toros y al terminar, fue reconocido por la gente, pidiéndole autógrafos, incluyéndome a mí. Omar se sonreía mucho al verme firmar autógrafos.

La producción decidió un paro de dos días, entonces Peter aprovecho la ocasión para reunir en la Villa a todo el equipo de rodaje. Se ofreció una parrillada y un bar abierto desde tempranas horas de la tarde. Cerca de las seis, Peter ya estaba borracho. La música vibraba a todo volumen y una de las chicas españolas, muy guapa, empezó a coquetearle a Peter y él le empezó a corresponderle. Arabella se dio cuenta. Celosa y molesta, parece que le pidió a la chica de mala manera una explicación. Yo estaba lejos bailando cuando repentinamente escuché gritos con insultos, alguien me dijo, – "Parece que hay un altercado en el salón."

Me dirigí al lugar indicado sólo para presenciar a Arabella tirada en el suelo. La chica la tenía agarrada del cabello y estrellaba con fuerza su cabeza contra el piso. Arabella trataba de defenderse, pero la otra era más joven y fuerte. Yo horrorizada, para separarlas se me ocurrió echarles agua de un florero cercano. Inmediatamente la chica al caerle el agua se levantó y me miro amenazante, pero Omar al ver esa actitud vino a mi lado y ella se contuvo, toda la agresión paró. Al separarlas me quebré unas uñas y Omar me llevó al baño para ponerme alcohol. ¡Salté del dolor!

Omar me llevó a nuestra habitación para calmar mi disgusto y vergüenza por la actitud poco decorosa de mi amiga. En sus comentarios me dijo el concepto que tenía de mí. Omar me dijo que yo era valerosa e inteligente, que en su opinión estaba orgulloso y contento de haberme conocido, y que yo podía llevar y aceptar las situaciones de la manera correcta. También comentó que Peter estaba casado con Siân Phillips (actriz inglesa con quien tenía una hija), y que por lo tanto la relación entre Arabella y Peter no se podría conducir a nada concreto.

Ratos después cuando bajamos a reunirnos con el grupo, la reunión seguía con su ritmo de diversión. Al pasar por uno de los corredores que rodeaban el salón, en donde casi todos estaban concentrados, me encontré con Arabella, Peter y la chica del pleito en plena charla como si nada hubiera sucedido. Los tres de ellos de lo más tranquilos, cada uno con una copa en la mano, aunque Arabella mostraba unos arañazos en su frente.

Al momento de servir la parrillada ya todos estaban muy bebidos y se formó una completa locura. Peter empezó a levantar las macetas con plantas para estrellarlas en el suelo. Alguno de ellos lo imitaron con gritos de júbilo ya completamente borrachos. En los corredores había algunos muebles antiguos pertenecientes a la dueña de la casa. En el contrato había una cláusula poniendo énfasis en no tocar o mover un reloj antiguo protegido por una cubierta de vidrio. Entonces Peter, en un arrebato, tomó en sus manos la cubierta y la hizo pedazos lanzándola al suelo. La pérdida era irreparable porque era una pieza antigua de colección, y aunque en el contrato de la Villa estaba asegurada, me imagino que tendrían que compensar un pago extra como indemnización.

Todos se despidieron entrada la noche, y en la mañana siguiente, Peter revelaba en su cara su culpabilidad de lo sucedido. Parecía molesto consigo mismo.

He relatado a grandes rasgos la rutina de la filmación, pero había omitido mi estrecha relación con Omar. En la primera noche nuestros cuerpos se identificaron inmediatamente, entre besos y caricias brotó la pasión sin darnos cuenta. Cada día disfrutábamos de momentos íntimos que hacían aumentar la intensidad, emociones de una naturaleza nueva en los dos, era el despertar de un amor profundo. En nuestros ratos de gozo, después de hacer el amor, se levantaba y me recitaba Shakespeare en su lengua natal árabe. Por la mañana, si nos despertábamos temprano, tomábamos el sol desnudos en la terraza del dormitorio. Entonces Omar se ponía una redecilla fina en la cabeza para dominar su cabello rizado, pues para la película tenía que lucir con cabello lacio. En nuestras pláticas me describía Egipto, recordando con nostalgia el tiempo de su niñez. Me comentaba acerca de la situación política de ese momento y su preocupación por la tierra que amaba tanto. Me describía la belleza de sus tesoros arqueológicos y del soberano río Nilo.

De sus amoríos hablaba poco, quizá para no incomodarme con detalles o nombres. Pero me dio a entender que no estaba preparado para un segundo matrimonio. Omar estaba separado de Faten Hamama, una famosa actriz también egipcia, con quien tenía un hijo. Cuando se sentía presionado por mujeres, el entusiasmo se le acababa, ya que para él su carrera artística era muy importante lo cual no le permita una vida normal.

Su intelecto era vasto, me daba su opinión respecto a las religiones, así como también sus conceptos lógicos de las filosofías. Le gustaban los idiomas y yo le hacía repetir palabras de amor en español. Me preguntaba acerca del lugar de mi nacimiento y familia. Le describía San Salvador como una ciudad pequeña y provincial, con bellas playas bañadas por el Océano Pacífico, de temperaturas calientes, muy tropical, que, comparada con su natal Alejandría, tan cosmopolita y antigua, la mía era parte del nuevo mundo.

Muchas veces se preparaba leyendo sus líneas para la grabación paseándose en la habitación. Cuando estaba él un poco tenso se mordía las uñas y fumaba sin parar. Estos eran instantes que yo vivía intensamente, disfrutando de su presencia porque comprendía que esta relación lógicamente tendría que terminar. Me demostraba cariño cuando estábamos entre amigos y en lugares públicos, pero en el set se mostraba amable conmigo, pero sin demostraciones familiares pues quería guardar su privacidad.

En una ocasión, mientras empezaba el rodaje, caminando cerca del set, vimos que los camellos traídos para la película estaban echados y guardados por los encargados. Entonces a Peter se le ocurrió preguntarnos si nosotras queríamos aventurarnos subiéndonos en los camellos para un paseo por los alrededores. Yo por supuesto algo temerosa de ensayar, pero Arabella al instante dijo que sí. Había que sentarse de lado para montarlo y uno de los hombres llevaría las riendas. Alguien nos ayudó y tanto Peter como Omar encontraron cómica la situación al vernos, más que nada al observar mi expresión de aprensión cuando se levantó el camello. ¡Los dos se reían sin parar! El paseo resultó fabuloso. Fue una sensación diferente al trote de un caballo. En el camello es como mecerse en un vaivén. No me arrepiento de haberme arriesgado.

Las relaciones entre Peter y Omar eran amistosas. Se entretenían hablando de diferentes temas de actualidad, así como comentando puntos de vista sobre la filmación. Compartían sin ningún problema la existencia en la Villa, ambos manteniendo su libertad de acción.

Omar era una persona de carácter serio, pero apasionado en sus momentos, de maneras finas, organizado y muy profesional. Peter sufría de raptos melancólicos, era temperamental, pero cuando tomaba su alcoholismo lo cambiaba completamente. Brotaba en el acto el buen sentido del humor, haciendo bromas, muy sociable y contento.

La vida en Almería, en esa convivencia intima de ellos, la avidez, el entusiasmo y amor de tener a Arabella consigo, le dio a Peter un incentivo más para continuar la diaria asistencia al rodaje. Arabella lo rodeaba de una exagerada adoración y aunque se comprendían en todo sentido, le preocupaba a ella la temida separación. Yo veía la relación de diferente manera, Peter en ese momento vivía apasionadamente, pues era parte de su naturaleza, pero sin llegar a complicar o alterar su estatus matrimonial.

Durante esos meses de la filmación, disfrutamos y admiramos cada día el desarrollo de todas las escenas y la actuación de los actores destinados para esa locación. Asistir sin cansancio a las tomas era verdaderamente sensacional e interesante.

La próxima etapa de *Lawrence de Arabia* sería concluida y situada en Marruecos. Omar me invitó a seguirlo. Mis emociones eran muchas, el haber encontrado un romance con él hubiese estado lejos de mi mente, completamente irreal si alguien me lo hubiera pronosticado. Feliz de haberlo vivido intensamente, inolvidable para mi vida futura, pero siendo yo más realista desistiría de acompañarlo. Yo no era más que una chica simple y desconocida estudiante en París. Comprendí también su estatura en el mundo artístico cinematográfico, y sabía que este amor era temporal y mejor no continuarlo para no sufrir una decepción.

Una mañana Arabella me llamo aparte para decirme que la esposa de Peter había confirmado su llegada a visitarlo y que por consiguiente teníamos que retirarnos. Conociéndola, vi en ella la frustración del momento, la tristeza de dejarlo, endebles instantes felices que no podrían continuar o repetirse. La última noche con Omar me dio de despedida efusivas y tiernas caricias, elogios a mi conducta tan adecuada y justa con su manera de ser. Le prometí no revelar o comentar nuestra relación amorosa, de guardarla privadamente y así lo cumplí. Hasta ahora.

En Arabella, su decir adiós fue más dramático. Lloró y lloró abrazada del cuello de Peter, él tratando de consolarla, pero sin prometer mucho. El auto nos condujo de regreso, siempre manejado por José. Antes de salir todo el servicio de la Villa salió a despedirnos, nos habían preparado sándwiches y bebidas para el largo trecho hasta Málaga. Esos meses fueron inolvidables.

Noemi y Omar Sharif
Corrida de Toros
Almería, España
1962

Capítulo Diez

Desvió en Madrid

Málaga, seis de la mañana, buena hora para volar hacia Madrid en donde se haría la conexión con Air France, regreso a París.

Aterrizamos en Madrid cerca de las diez de la mañana. Cuando salimos del avión nos informaron que el vuelo de Air France hacia París estaría retrasado por dos o tres horas, por lo tanto, era conveniente recoger nuestro equipaje hasta nuevo aviso. Arabella y yo decidimos visitar la cuidad para conocer la capital. El taxi nos dejó en el Hotel Palace. Ya en nuestra habitación, preguntamos en la recepción si existía en el hotel el servicio de peluquería y manicurista. Respondieron que no, pero que frente al hotel había un salón de belleza muy conocido, el cual nos lo recomendaban probarlo. Nos recibieron en el acto. Horas después, contentas de vernos lindas de regreso en la civilización, bajamos al bar a refrescarnos y estar atentas a la llamada del nuevo horario de salida del vuelo para regresar a Barajas, el aeropuerto madrileño.

Nos instalamos en la barra del bar, todas las mesas a esas horas del mediodía estaban ocupadas. Cerca había una mesa con cuatro señores y una mujer, quienes empezaron a mirarnos (dos chicas jóvenes sentadas solas en la barra era algo inusitado). Quizás les llamó la atención porque en ese entonces todo era muy conservador, debido a la férula opresiva del régimen de Franco. Cuando empezábamos a disfrutar de nuestro cóctel de Champagne, un señor de la mesa vecina se aproxima y se dirige a nosotras. Se presentó como Pedro Domecq para invitarnos a su mesa. Cuando nos dio su nombre nos dimos cuenta de quien era (propietario de los famosos vinos españoles que llevan su apellido en la marca), y aceptamos unirnos a su grupo.

Después de darnos a conocer con las demás personas presentes en la mesa, nos dedicamos a conversar con la mujer. Ella nos dijo que era de profesión rejoneadora en las corridas de toros. Su físico era de estatura alta, de cabello pelirrojo, largo y de cara un poco masculina, de origen sudafricano. Los otros dos señores eran ejecutivos de la firma Domecq. Les dimos un pequeño resumen por la razón de la tardanza del vuelo, por lo cual en lugar de esperar en el aeropuerto habíamos optado por descansar en ese poco espacio de tiempo en Madrid.

Pedro ya entusiasmado por la coquetería de Arabella, dijo, – "De ninguna manera se regresan este día. En este momento todo corre por mi cuenta, y esta noche las llevaremos al Club 31, el más elegante y exclusivo en la capital." Nosotras no estábamos preparadas para lucir elegantes, por lo visto era un lugar elitista, de alta sociedad. El dilema era dónde dirigirnos para vestirnos de acuerdo con la ocasión. Alguien del personal del hotel nos ayudó dándonos el nombre de una tienda llamada El Corte Inglés. Prontamente nos equipamos de todo lo necesario y a las diez de la noche, como acordado, bajamos al vestíbulo del Hotel Palace en donde Pedro y uno de sus amigos ejecutivos nos estaban esperando.

El Club 31 estaba situado en el área elegante de las Cibeles, en el Paseo de Prado y la Castellana. La entrada al lugar estaba decorada con bellos candelabros de cristal que suspendidos del techo daban una luz radiante que animaba el ambiente. La concurrencia se podía notar muy distinguida. Las señoras mostraban sus joyas con estilo y orgullo. Caminando cerca de las mesas del restaurante para llegar a la mesa reservada, el salón entero cuando al vernos pasar reconocieron a Pedro, despertando la curiosidad y seguramente preguntándose, ¿Quiénes son? El barullo era notorio, algunas de las damas nos midieron de pies a cabeza y cuando nos acomodaron en la mesa, podíamos ver los cuellos alargados de algunos de ellos para obsérvanos mejor. Cenamos exquisitos platos que el menú ofrecía y nuestro amigo hizo gala, degustando la mejor cosecha de vino de su propia colección.

Más tarde, al salir del Club, yo me sentí cansada y les rogué dejarme en el hotel. Arabella siguió con Pedro la velada, hasta la mañana siguiente. Nos quedamos dos días más. Visitamos el Museo del Prado, caminamos por el Parque del Retiro y nos llevaron a conocer los mejores lugares para saborear la paella. En fin, nos enseñaron gran parte de la cuidad. Esta parada en Madrid no fue precisamente planeada, pero sirvió para calmar la nostalgia de nuestros amoríos y darnos el solaz que Arabella más que nada necesitaba.

París nos llamaba. Yo tenía siempre en mi olfato su olor, visualizaba el suelo adoquinado, el ruido de las sirenas ¡Tono tan especial! El trote mañanero de los que trabajan en las oficinas y tiendas, los cafés con sus parroquianos cotidianos. ¡La cuidad luz que tanto amo, por fin de regreso a ella!

Capítulo Once

Rubi

Continuaremos con el París nocturno. La velada no podría ser completa sin visitar la discoteca de moda Chez Regine, lugar en donde se codeaba lo máximo y más granado del Jet Set Internacional y estrellas del cine. En la puerta había una ventanilla para quien deseaba ser admitido. Al ser reconocido por la persona encargada, Regine, la propietaria era estricta para evaluar a personas que no fuesen de rango. El lugar era exclusivo. Y esa noche departiendo con amigos en la discoteca, alguien a quien no reconocí en el momento me invito a bailar. Bailar es mi fuerte y él notó que ambos manteníamos la misma cadencia. Entonces me habló en español y se presentó como Porfirio Rubirosa. Al darme su nombre, me di cuenta de quién era. Era el famoso *latin lover*, originario de la Republica Dominicana, divorciado de las millonarias Doris Duke y Bárbara Hutton. Cuando intercambiamos nombres nos sentimos afines, conectados por el mismo natural sabor hispano en la música y danza. Me preguntó si podría llamarme y con mi aprobación le di mi número. Me advirtió que lo haría con el apellido de 'González' para mantener una cierta privacidad. Sus llamadas eran frecuentes y experimentábamos una natural simpatía y un buen sentido del humor. Rubi, abreviación de su apellido, era un apodo cariñoso de sus amigos.

Algún tiempo después de conocernos y conectarnos simplemente por teléfono, me dio una cita para vernos otra vez en su apartamento situado en la calle de François Ier, a las tres de la tarde. El apartamento estaba situado en la planta baja del edificio. Llegué a la hora convenida. Él abrió la puerta, estaba descalzo y sólo llevaba puesto una Aba de lino blanco y en su cuello lucía un pañuelo Ascot Hermès de colores suaves. Al entrar me sorprendí al observar que gran parte de la habitación estaba cubierta por un inmenso colchón y varios cojines. Era casi como entrar a una tienda en el desierto. En un rincón de la habitación, un bar bien surtido de toda clase de licores y cremas, así como también Champagne, listo para servirse, y en una mesa baja, cerca de la cama estaba una charola de plata con ostras y mejillones frescos. Al final de la recámara se podía distinguir el baño. Una música suave de boleros daba el toque del ambiente. Me ofreció algo de tomar y opté por elegir una crema de menta, a esas horas del mediodía no se me antojaba más que una bebida refrescante, él continuó con el Champagne. La charla muy amena. Rubi me describía su interesante vida con despliegue de hilaridad, y también de sus romances como de sus divorcios con gran orgullo. A pesar de sus cincuenta y tres años mostraba todavía el atractivo de un hombre joven.

Empezamos por besarnos seguido de caricias. Rubi era el tipo de hombre que lo hacía sentir a uno como la persona más importante, más bella y deseosa del mundo. Su fama de *latín lover* se hacía notar.

Era un maestro del cortejo. Yo sabía de su recorrido mujeriego, pero aun así me atraía. Sabía explotar su ser de hombre sensual y lo hacía de exquisita manera. Aun sabiendo de todas las mujeres famosas con quien él alternaba, me impresionaban sus atenciones para conmigo. Era una nueva aventura de la cual yo estaba curiosa de percatarme.

Me empezó a desvestir sin arrebato de una exquisita manera. Cuando me encontré desnuda me contempló con deseo y ansiedad y lentamente se desprendió del pañuelo del cuello y removió el Aba. Su cuerpo, de estilo deportivo, bien formado, de piel morena clara, presentaba un pene de masivo y descomunal tamaño, verdaderamente impresionante. Al contemplarlo me dije a mi misma, "Con mi pequeña estatura no lo podré disfrutar." Rubi, al notar mi actitud de no querer seguir adelante, me ayudo a vestirme de galante modo. Luego me despedí y me condujo a la puerta sin signos de rencor o molestia, siempre amable.

Al salir a la calle y respirar el aire fresco, volví a mi normal compostura. Cuando llegué al apartamento, Arabella me interrogó con una sonrisa maliciosa – "¿Dónde has estado casi toda la tarde?" Le dije que había departido con una nueva amiga una larga caminata y nunca le mencioné mi aventura. Arabella no sabía de mi amistad con Rubi. A veces quería yo tener un poco de reserva.

Rubi y yo nos encontramos varias veces, pues frecuentábamos los mismos lugares de moda y siempre me saludó cortésmente. Yo creo que fui la única mujer a quien no pudo conquistar. Años después murió trágicamente en París debido a un accidente automovilístico. ¡Rubi era todo un caballero¡

Capítulo Doce

Unas distracciones románticas

Últimamente Arabella se mantenía melancólica porque desde el regreso de España no tenía noticias de Peter. Le contrariaba pensar que después de jurarle con devoción que la amaba, cómo era posible que él no se molestara en mandarle una nota o llamarla. Su actitud era incomprensible, parecía que trataba de evitarla e ignorar lo pasado. Para ella sus sentimientos eran los mismos, Peter era realmente su gran amor. Pero, felizmente para distracción a su nostalgia, mal humor y desconcierto, el representante de una de las revistas conocidas y de mayor publicación en Suiza le pidió una entrevista. Estaban interesados en darla a conocer e informarse acerca de sus padres. Querían relatar cómo se desarrollaba su vida en París, en fin, hacer un resumen de actividades y aspiraciones a realizar. La entrevista requería una sesión de fotografías de ella en el apartamento y algunas otras en un estudio modelando. Yo también participé apareciendo en una toma en casa. Arabella aparece en la Portada de la revista Schweizer Illustrierte en el mes de Julio 1962.

Robert Hossein (actor francés) y Arabella se relacionan como amantes. En Roma se estaba filmando *Madame Sans-Gêne* con Sofía Loren. Robert actuaba en un rol importante y debido a su caracterización en la película, le pidió a Arabella que en su ausencia nos quedáramos en su apartamento para no dejarlo vacío. Este estaba situado en las afueras de París, en Auteuil 9 rue Chanez, y nos quedaríamos por el tiempo necesario. Le recomendó no llevar a ninguna persona extraña pues era su lugar privado. Entonces en la primera noche allí, Arabella apareció con Pierre Derly (fotógrafo de moda) para pasar la noche. Robert se reportaba con frecuencia. A su insistencia por verla los días libres en que se suspendería el rodaje, acordaron encontrarse en Roma. Al regreso de la *Cuidad Eterna*, nos seguimos quedando en casa de Robert, y Arabella continuaba llevando *'amigos'*, con la mala suerte que una mañana temprano se presentó la sirviente quien trabajaba para Robert por largo tiempo y le reportó lo que sucedía en su ausencia. Yo me sentí incómoda de permanecer más en ese lugar ajeno y le hice saber a Arabella mi deseo de volver inmediatamente a nuestro apartamento. Ella dudaba en quedarse, pero al recibir la llamada de Robert furioso pidiéndole explicaciones por el abuso cometido, le ordenó entregar las llaves a la sirviente y no verla más.

Anatole Litvak (director de *Anastasia* con la actriz Ingrid Bergman como protagonista) y Arabella tuvieron una breve relación, aunque él era mucho mayor (como de cincuenta años más). Además de la seducción física que él experimentaba por ella, estaba impresionado por la impecable manera con que ella se expresaba en el idioma ruso. Anatole nos visitó varias veces y una noche después de cenar en un restaurante en la rue Marbeuf, terminamos la velada yendo a Chez

Regine. La discoteca ese día estaba congestionada de fabulosa gente joven y allí se encontraba también Alain Delon quien invitó a bailar a Arabella. Mientras tanto, esperando que nos dieran un lugar donde sentarnos, Anatole y yo observábamos la pista de baile. Finalmente decidimos refugiarnos en el bar. Arabella se desapareció con Delon y al no verla más, indignado y resentido de la conducta de Arabella, Anatole me condujo a casa. Platicamos en el coche pues necesitaba desahogarse del mal rato pasado. Días después, Arabella lo llamo para excusarse. Pero él comprendió que ella no era la persona con quien podría establecer una relación amorosa por largo tiempo.

Mi vida afectiva continuaba su ritmo de excitantes encuentros, pero sin tocar mi corazón. Despertar en el arte de hacer el amor, descubrimiento a la sensualidad sin tabúes. Después de mi primera experiencia que no dejó ningún significado, tuve encuentros, aventuras con hombres de experiencia quienes me invitaron y condujeron a ese hasta entonces desconocido sentido de disfrutar, con una sensual puerta abierta a juego de palabras y gestos antes de proceder a un final. Sin involucrar sentimientos, sólo placer. Ah, en el medio que frecuentábamos era un atractivo y tenía su ventaja ser mundano.

Después de mi idilio con Omar, mantenía una relación agradable con un importante y conocido abogado suizo al cual visitaba en Ginebra por temporadas. Así pude además gozar de mi libertad, frecuentando *otros* en París.

En una de las muchas salidas nocturnas y reuniones sociales, aparece Élie de Rothschild. Encaprichado con Arabella, establecen un episodio íntimo, sin mostrarse al principio públicamente, en secreto por ser él un hombre casado y de gran alcurnia. En algunas ocasiones salíamos con sus amigos más cercanos, leales y de gran discreción. Élie era muy simpático, con buen sentido del humor, interesante en su conversación y de elegante trato. Un fin de semana nos llevó en su avión a Divonne les Bains (spa situado en la frontera francosuiza), cuyo propietario Claude Aaron era un amigo de él. Claude se dedicó a atenderme. Hicimos un tour por los alrededores del hotel y por las noches era apropiado vestirse elegante para ir al comedor. El lugar en sí revelaba un bello panorama, perfecto para relajamiento y entretenimiento.

Todo seguía su tiempo normal hasta que Élie tuvo un serio reclamo de su esposa y, como de costumbre, la relación terminó en cenizas. Arabella conservaba como recuerdo de él una bella pulsera de oro, uno de sus regalos. Arabella me dio la pulsera, pero en uno de mis viajes, la perdí.

Pocas personas poseen una sensual y natural personalidad. Una de ellas era Arabella. Había nacido con ese regalo de la naturaleza que la hacía tan especial. Felina de movimientos, sin vulgaridad y de exquisita fineza, sabiduría en sus movimientos que inquietaban a cualquier hombre que estuviese cerca de ella. Cuando se presentaba en lugares sociales, la gente a su alrededor se sentía atraída con su presencia, sabía cómo usar ese talento hasta en la manera de posar un pie en el suelo. ¡Era fascinante! Belleza mágica de volcánica reacción, emanaba lava lentamente o con grandes erupciones, todo dependía del hombre que lo provocara. Otros de sus atractivos era su gran inteligencia, cultivo, buena educación en los mejores colegios internacionales, y su fluidez en los idiomas, ya que se expresaba en cinco correctamente.

Además de sus relaciones sexuales con personas jóvenes, el cortejo de los hombres maduros eran los más seductores en el sentido de experiencia, estatus social, conversación, y largueza en atenciones. Yo relato los más notables en su vida, pero la lista que tengo en la memoria es larga.

Schweizer Illustrierte Zeitung

IE WEISS,
AS SIE WILL

Nr. 28 ★ Preis 70 Rp.

Bella Arbenz verdient sich in Paris als Photomodell ihr Schauspielstudium

ICH HASSE POLITIK!

sagt die Tochter des Diktators

Schweizer Illustrierte
Berna, Suiza
1962

Capítulo Trece

Cacería en Alsacia

Aventura y excitación. Reunión en el aeropuerto Le Bourget. Temprano por la tarde, un avión fletado por el Conde Jean de Beaumont para que sus invitados fueran conducidos primero a Estrasburgo y luego continuar hacia el Castillo de Diebolsheim, Alsacia. Especial ocasión de congregar a sus amigos para cazar perdices en su propiedad.

En asientos reservados con nuestros nombres y antes de comenzar el vuelo, Jean se acerca a saludarnos y a darnos la bienvenida, tocándome mis senos, asintiendo con una sonrisa diciéndome – "¡Qué bellos son!" Al abandonar el avión en Estrasburgo, nos esperaban limosinas, y Jean disponía cómo dividir el grupo en los vehículos. La trayectoria llevaría aproximadamente media hora, tal vez más.

En el atrio del castillo se encontraban desplegada toda la servidumbre, vestidos con sus tradicionales trajes alsacianos (todo un espectáculo). La entrada a Diebolsheim se revelaba majestuosa, impresionando con un largo y ancho corredor con techo cubierto de toda clase de cuernos colectados durante los muchos años de cacería en África. Ese corredor daba acceso a una basta estancia compuesta de confortables sillones y sofás frente a una gran chimenea. El anfitrión se dedicó a presentarnos y darnos al mismo tiempo una descripción de cómo se llegaría a realizar en la mañana siguiente la cacería, haciendo énfasis que solo los señores estaban autorizados a disparar sus rifles. Hizo hincapié en pedirnos ser puntales para la hora de cena y desayuno. Todo estaba diseñado para estar presentes y ser exactos, exigencias de la casa.

Mientras la concurrencia se entablaba en agradable charla se sirvió el té. Luego subimos a descansar a la habitación de nuestra preferencia para bajar a las siete en traje de etiqueta, siguiendo el protocolo. Las recámaras exhibían al frente de cada una de ellas los nombres de animales de caza enmarcados en las puertas. Previamente los invitados escogieron su animal preferido. Nosotras optamos por el tigre y pedimos acomodarnos juntas. Cuando subimos a poner en orden nuestro equipaje y reposar, nos sorprendió el notar que todo estaba ya colgado y organizado en los armarios y sobre las dos camas estaban desplegados los negligés.

Bajamos al salón a la hora exigida. Los señores en esmoquin, entre ellos se destacaba el expresidente de Francia Vincent Auriol. Las chicas en bellísimos trajes, entre ellas, Marie-Hélène Arnaud, Pía Lindstrom (hija de Ingrid Bergman), Arabella y yo. Degustamos de un rico banquete, seguidos de vinos de la región. El desayuno sería servido a las seis de la mañana, tiempo suficiente para subir a las recámaras a disponer de las últimas necesidades y bajar a encontrarnos a un lugar designado en donde los valets nos ayudarían a calzar y ajustar las botas especiales para la caminata cazando.

Creo que dormíamos profundamente (yo confortablemente

acompañada de mi perrita), cuando nos despertó un ruido en la puerta. Arabella también sintió que alguien entraba. Se trataba de Jean quien venía a *invitarnos* a seguirlo a la cama, yo gentilmente rehúse la proposición, Arabella consintió.

A la salida de la parte trasera del castillo, el patio estaba congestionado con vehículos y sirvientes. Los perros ladraban ansiosos por salir de donde se mantenían concentrados y todos nosotros esperábamos como sería la distribución de los grupos. Los empleados encargados de las armas esperaban la señal. Todo a su alrededor era excitación. El día se mostraba bello y Jean me autorizó llevar a mi perrita, siempre y cuando la mantuviera cerca de mí. En dos camionetas enjauladas empezaron a dejar entrar los perros de caza (Beagles) y en dos jeeps cubiertos nos acomodaron. También nos seguía otra camioneta con más personal.

Recorrimos un largo trecho hasta desembocar a un extenso bosque. Al bajar el suelo estaba lodoso, yo un poco tensa, pensando que mi perra tan pequeña se iba a cansar.

Jean, muy serio dándonos instrucciones, explicó cómo comportarnos. Esa era una formalidad. Consistía en formar una línea recta, haciendo un espacio de dos metros de distancia entre un señor y una mujer. Nadie se podía adelantar o atrasar en el paso, casi un despliegue militar. Jean daría la orden de avanzar y todos lo haríamos al unísono. Cuando empezamos a caminar vimos levantarse volando hordas de perdices. Ese era el momento deseado para disparar. Todos nos deteníamos para el evento. Luego los perros detectaban el lugar y con sus hocicos recogían las aves para entregarlas a los encargados que esperaban.

Marchamos casi diez kilómetros, sin reposo, cuatro horas y media.

Jean hizo un alto al llegar a una planicie. Era un campo abierto cubierto de pasto y flores salvajes propias de la temporada. El cielo muy limpio, azul y el sol bastante fuerte, un gran contraste después de caminar dentro del bosque.

Todos en shock, estupefactos de presenciar tiendas instaladas sobre la hierba y dos inmensas mesas con blancos manteles cubriéndolas hasta el suelo. Una bacanal de viandas, frutas y bebidas servidas por dos chefs con sus impecables uniformes blancos. Los invitados nos sentamos en el suelo y Jean tomó fotos de todos nosotros para completar su página de recuerdos de ese día y año. Una hora más tarde se reanudó la cacería siguiendo otro rumbo del bosque.

Esa noche se celebró durante la cena, la exitosa jornada la cual sería repetida al día siguiente, un poco más corta para no cansar a los cazadores y el lugar seria en otra dirección para tener la oportunidad de encontrar más numerosas perdices.

Otra noche festiva y cordial, nos conocíamos mejor y todos se presentaba como si fuéramos amigos íntimos. La plática era amena y jovial, Marie-Hélène (modelo estrella de Coco Chanel) un poco formal, con reservas.

Durante el tercer y último día, el desayuno fue servido a las ocho de la mañana. Al acercarnos a la mesa notamos que cada uno de nosotros tenía colocado un regalo envuelto en decorado papel. Al finalizar el desayuno, cada invitado se levantaba a dar palabras de agradecimiento al anfitrión. Cuando llegó mi turno, me expresé diciéndole lo inusitado que para mí era participar de una costumbre ancestral de la nobleza europea, como era la caza.

Cuando subimos al dormitorio a recoger nuestros abrigos, Arabella me dijo que Jean entrevistaba a cada persona en su despacho para preguntarles cómo les gustaría regresar a París. Ella me aconsejo pedir el regreso por tren, así nos sería más agradable el trayecto para conocer esa parte de Francia.

En su oficina tuve una calurosa charla con Jean para darle las gracias y pedirle volver con Arabella de la misma manera en el tren. Me hizo entrega de mi billete y nos despedimos.

Postdata. Tanto mi familia como yo no estamos de acuerdo con la exterminación de animales como placer o complacencia en hacerlo. El abuso a la caza de animales en el mundo es detestable, odiosa manera de explotar el marfil en los elefantes y suprimir valiosas especies. Mi presencia en esa época para asistir a ese hábito fue verdaderamente de completa ignorancia sobre ese tema, el cual debería ser suprimido y ser penalizado.

Olvidaba mencionar dos extravagancias sucedidas durante el año. Primero el cumpleaños de Gunter Sachs (ex marido de la actriz Brigitte Bardot) en su apartamento de la Avenue Foch, fiesta acompañada con música de violines. Como entretenimiento, se servían copas de cristal llenas de Vodka, las cuales contenían una moneda de oro y quien la bebiera de un sorbo, ganaba el premio. Yo me retiré temprano (el champagne me dio dolor de cabeza). Arabella llegó a casa con un sólo zapato.

El segundo evento que merita mención es el siguiente. En una de las islas privadas en el mediterráneo frente a las costas del turístico y famoso St. Tropez. Marella y Gianni Agnelli (magnate de la Fiat) abrieron con el tema Hawaii una espléndida reunión, ocasión para celebrar con sus amigos una noche de divertimento. Con todos luciendo atuendo de gran colorido a la imagen hawaiana, Marella como siempre estuvo impresionante en porte y belleza. ¡Sensacional!

Navidad en casa de Nena Sol. Dama salvadoreña radicada en París por muchos años, ofrecía la cena de Nochebuena con el tradicional pavo al estilo criollo, rodeada de personas allegadas locales y salvadoreñas. Su apartamento estaba en la Ave Kléber. El señor Poulet, su compañero de vida introducía a cada uno al salón en donde Nena imperturbable en su sitio favorito no se molestaba en nada. Era Poulet quien se ocupaba en atender con bebidas y canapés para entretenernos, parecía que comeríamos un poco tarde. Nena gritaba desde donde se encontraba dirigiendo el guiso, de cómo seguir la receta a Poulet. El pobre señor corría de un lado a otro en la cocina procurando que la cena fuera un éxito, temiendo a la crítica de Nena.

Para distraernos entramos en discutir un intenso tema del momento, respecto al destino de los países centroamericanos. Mi comentario fue la poca visión de los representantes en no fusionarse para formar un frente unido, fuerza política que, con tratados unilaterales, dominarían a los *gringos* para que nos trataran con más respeto. La contribución de riquezas que cada uno de ellos aportarían ventajas positivas para el crecimiento y mano de obra de todos. Para cambiar el curso de la conversación, tratamos de acordarnos de los dialectos empleados en la vida común, fue un rato de gran hilaridad. Nena controlaba desde su trono a todo el grupo. Yo, sentada cerca de una mesa provista de un plato de frutas frente a ella, tomé una mandarina, cuando la limpiaba, noté un silencio, todos me miraban. Pensé que tal vez sin preguntar había hecho un error en cogerla, pero Nena rompió el silencio y dijo, – "Nunca había visto a alguien limpiar una fruta con tanta fineza, con tan delicadas manos." ¡Feliz Navidad!

Año Nuevo con mi amiga Amparo, su hijo y amigos colombianos en su apartamento. Nada especial.

Respecto a Arabella, conociéndola a fondo, como buenas amigas que éramos, cuando me preguntó qué me gustaría hacer para celebrar el año nuevo, le contesté que ya había hecho compromiso con Amparo. Yo sabía que ella saldría con su última conquista y al obtener mi respuesta respiro profundamente. Aunque manteníamos una gran libertad de acción y diferentes amistades, en una fecha como esta, se hubiese sentido culpable de dejarme sola, otra vez.

Capítulo Catorce

Reencuentro

El nuevo año se inició como una sorpresiva y singular helada, con el termómetro marcando quince grados bajo cero provocando el congelamiento del Río Sena. Las embarcaciones portadoras del preciado carbón (mazout) esencial para la calefacción de los edificios, su tráfico fue paralizado y durante varios días sufrimos de un intenso frío. Hasta la cuidad evidenciaba un paro momentáneo. Para confortarnos dormíamos con todo lo que nos pudiera dar calor. Con la buena suerte que la cocina funcionaba con gas, así que podíamos alimentarnos y calentar agua para una rápida limpieza de cuerpo. Durante el día nos instalábamos en el sofá de la sala y rememorábamos historias que de una manera u otra nos marcaron con insólitas malas experiencias. Arabella me relataba que cuando estudiaba en el colegio en Ivanovo, Rusia, le dio fiebre escarlatina en pleno invierno. Me decía que la dejaban sola por largas horas en la clínica del lugar y la fiebre le hacía ver confusas y horribles visiones. Lloraba de pánico, lo peor era sentirse abandonada, tan lejos de todo y de cariño. Su hermana, también pensionada allí, no le permitían visitarla para evitar el contagio con el virus.

Al terminar la confidencia, nos dimos cuenta de que el conocernos fue una explosión de buena suerte, encontramos que en nuestro amistoso cariño había un refugio de comprensión, confianza, sin criticismo y con lealtad, un real entendimiento y una necesidad de estar juntas todo el tiempo.

Las dos nos encontrábamos con resentimientos familiares. Ella, con el abandono de su infancia y adolescencia debido al ascenso político de sus padres, y yo con el problema del alcoholismo de los míos.

Disfrutábamos intercambiando ideas tanto como nuestras aventuras románticas, todo el tiempo en armonía. Nunca nos enojamos y si alguna vez estuvo enferma yo la atendía con los cuidados debidos.

La dirección cinematográfica francesa dedicaba a los actores involucrados en varios filmes un homenaje. Distinción especial se daba como reconocimiento a sus actuaciones en ellas, entre los cuales se daban mención a *Lawrence de Arabia*. Aunque la película ya había sido presentada al público, la noticia de la presencia de los actores en la cuidad nos tomó con excitante sorpresa y con la interrogante – ¿Nos llamarían?

Permanecíamos tensas sin querer ausentarnos del apartamento por si acaso llamaban Peter y Omar. Al fin llegaron las tan ansiadas voces deseando encontrarnos esa noche, complicada situación porque precisamente ese día estábamos comprometidas para celebrar el cumpleaños de nuestro amigo Claude Terrail, propietario del reconocido restaurante La Tour d'Argent. Entonces pensamos que sería divertido y aceptable llevarlos.

Aparecer con Peter y Omar fue para Claude lo máximo. Desde el momento en que llegaron a casa a recogernos hasta cuando la limosina nos dejó cerca de la residencia de Claude, (lugar situado en la isla de San Luis, margen izquierdo), los fotógrafos paparazzi nos seguían acosándonos sin piedad. Los cuatro tomados de las manos corríamos para escaparnos y entrar rápido al lugar de la fiesta.

El apartamento estaba lleno de gente en gran despliegue de joyas, de alta moda y elegante. Era la media noche cuando repentinamente las luces bajan de intensidad y aparecen en el centro del salón un grupo de monos amaestrados, como espectáculo sorpresivo, bailando, haciendo piruetas y vestidos con disfraces de diferentes épocas, sus gestos increíblemente humanos en su comportamiento. Para entonces Peter estaba completamente ebrio y empezó a llorar conmovido por los animales. Dijo que verlos lo deprimía. Tuvimos que ausentarnos sin despedirnos, salimos lentamente sin ser notados por el anfitrión. Terminamos la noche en un bar del Barrio Latino antes de separarnos en pareja. Regresé al hotel con Omar.

La presencia de Omar, emoción de encontrarnos nuevamente en un ambiente diferente, ocasión inusitada, no planeada que harían evaluar mis sentimientos. Nos miramos sin palabras, con esa mirada intensa que lo distinguía. Tomó mis manos durante un lapso silencioso y empezamos una conversación casual, comentarios sobre la película y de la buena acogida del público francés. A medida de este nuevo acercamiento, volvió la magia que hizo vibrar lo pasado, al repetir momentos de intensa intimidad. Las caricias y besos fueron tan naturales, como que si el tiempo no hubiese pasado e hicimos el amor con gran intensidad.

Fue la última vez que nos vimos, dejando un poco de melancolía y tristeza en mí. Omar salió de París el siguiente día, ya que tenía compromisos de trabajo. ¿Cuál hubiese sido nuestro futuro si se hubiera prorrogado nuestro romance? Me pregunto, ¿Hubiese habido promesas de amor? ¿De vernos con más frecuencia? ¿Nos hubiéramos casado? ¿Tendríamos hijos? Lamentablemente, Omar no me pidió seguirlo.

Peter de carácter más extrovertido, se presentó con expresiones de amor con Arabella durante el tiempo que permaneció en París, sin comprometerse como siempre en una seria relación. Pero al verlo otra vez, Arabella revivió el amor y la ilusión de estar con él. Siempre con la esperanza que Peter dejaría a su mujer por ella. Esos días fueron inolvidables y de gran intensidad. Desde salir de España, Arabella no dejaba de mencionarlo y pensar en él. Siempre había un tema donde lo incluyera. Peter era su obsesión. – "Que piensas que pueda pasar entre nosotros? ¿Crees tú que lo pueda convencer de quedarse conmigo? ¿Crees que me ama?" Arabella me hacia las mismas preguntas todo el tiempo. – "El amor es poderoso, pero en este caso, no hay que usar el acoso. Esto lo haría retroceder." Mis respuestas tenían que ser calculadas con mucho tacto para no molestarla o entristecerla. Y al mismo tiempo, no alentarla tanto como para darle mucha esperanza. Yo sabía que Peter no dejaría a su esposa.

Asistimos a una reunión ofrecida por Paul Louis Weiller en Versalles. Peter se mostraba de excelente buen humor y terminamos tocando el piano, yo sentada en sus piernas en cómica diversión. Esta vez, cuando se despidieron, Arabella no hizo ningún drama. Todo quedo en un albur de un *tal vez.*

Capítulo Quince

Conflicto político

Arabella y yo en una de nuestras pláticas rememoramos hechos del pasado año y que, debido a la gravedad de la situación en París, nuestras familias estuvieron a punto de reclamarnos.

Se trataba del conflicto político entre Francia y Argelia, (en ese momento colonia francesa). Se deterioraba con un levantamiento de la resistencia popular, quienes mantenían sufrir por largos ocho años, agresiones de parte de Francia, queriendo darle fin a esa tutela. Al escuchar ese día las noticias por la radio y televisión, anunciaban una temida y probable tentativa de un ataque a la capital francesa alertando al público a comportarse con discreción y no exponerse a salir. El presidente General De Gaulle ordenó situar tanques alrededor del Arco del Triunfo como defensa de un serio asalto. A lo lejos se escuchaban pasar aviones y helicópteros, me imaginé listos para un combate. Este nerviosismo duro varios días con la consiguiente liberación de Argelia, llevando a cabo un tratado de Paz el 3 de Julio 1962.

Esta situación produjo en mi recuerdo de una parte de mi niñez. El Salvador sufría también la dictadura del General Maximiliano

Hernández Martínez, trece años de opresión sangrante. Asesinaba a quien se le opusiera, entre ellos un grupo de tres mil campesinos quienes fueron fusilados por insurgentes, llamándoles *comunistas.* Mi padre en acuerdo con un grupo de elite revolucionaria y militares contrario, se sintió comprometido en participar a dar un golpe de estado para derrocarlo. Todo estuvo dispuesto para el 2 de abril de 1944, inolvidables momentos. La señal de la ofensiva era la de un avión sobrevolando San Salvador a las tres de la tarde. Mi padre listo para partir fue detenido por mi madre, rogándole de rodillas no dejarnos. Ella estaba en sus últimos días de embarazo y ante esa súplica él se sometió a su pedido. El atentado fue un fracaso. Para finalmente al año siguiente, otra revolución logró su expulsión dándole un solaz al país.

Arabella dice, – "En mi el coraje es grande. Pensar que mi padre fue legítimamente electo por el pueblo, sin ningún signo de dictadura o de asesinatos por política. Por el contrario, su deseo era ayudar, más que nada a la población indígena, desposeída e ignorada por gobiernos anteriores. Es cierto que mis padres nos descuidaron un poco, dándole prioridad a los *otros* más necesitados. En el momento que fui notificada en Montreal de la manera que mis padres habían sido destituidos por los americanos, ni siquiera despojados por los guatemaltecos. Pensar que otro régimen extranjero se tomó la libertad de hacerlo por intereses propios. Lástima que yo estaba tan joven, para intentar un movimiento, aunque fuese solamente como activista. Yo nací y estoy educada como capitalista, con gustos de riqueza. Cuando me tildan de izquierdista me molesta, nunca participé en actividades de ese género. Pero mi familia ahora viviendo en Cuba, son señalados por los *gringos* en esa corriente que era totalmente opuesta a sus deseos de gobernar en Guatemala. Mi hermana, por el contrario, acogió la ideología comunista sin hesitar y durante el tiempo vivido en Ivánovo Rusia como estudiantes, ella fue miembro activo del grupo de la juventud llamado Komsomol. Muchas veces tuvimos choques de ideas, como proponerme regresar a Rusia a estudiar ciertos cursos especiales destinados para Latinoamérica, lo cual yo rehúse enfáticamente."

La familia de Arabella vivía, en comparación, de diferente manera y de acuerdo con sus ideologías, pero querían procurarle a su hija otro tipo de existencia de acuerdo con los deseos de ella. Esos privilegios eran sostenidos proviniendo de María, quien le proporcionaba entradas con largueza de dinero para así continuar sus estudios y seguir con sus ambiciosos planes. María era de familia pudiente, extremadamente rica (grandes productores de café, múltiples propiedades e involucrados también en otras industrias). Los fondos eran enviados de San Salvador mensualmente. Vivíamos una vida privilegiada, alejada de la política y de todo lo que concernía nuestros países.

Capítulo Dieciséis

Nuestra vida social

Megève, centro turístico, meca de esquí en Francia, anunciaba que el nuevo Hotel Mont d'Arbois abriría sus puertas. Auspiciado por el financiero Edmond de Rothschild, quien para su inauguración hacia extensa bienvenida a una selecta concurrencia. Tomando un cariz de expectación por la serie de entretenimientos que serían ofrecidos, guardados en secreto para hacer la delicia y sorpresa de todos. La invitación nos llegó con suficiente tiempo para decidir el apropiado vestuario para la ocasión y lugar.

El hotel, servido de confort y decoración de voluptuosa armonía para la satisfacción de la futura clientela, estaba localizado en una zona de natural atmosfera propia de las estaciones invernales. Después de la ceremonia de apertura nos dirigimos a nuestros cuartos a tomar un descanso para continuar con el programa organizado.

Nosotras estábamos vestidas y embellecidas con apropiados trajes de gala. Al terminar la exquisita cena, todos fuimos conducidos a la parte baja del edificio, al área de la piscina en donde la fachada era protegida por largas vidrieras, dando la sensación de estar afuera dentro de la nieve. Se disiparon las luces y aparecen de la montaña esquiadores con antorchas en la mano, bajando hacia donde estábamos, ejecutando figuras de un verdadero ballet, espectáculo de increíble exhibición. Parecía un sueño que duró unos veinte minutos, seguido de fuegos artificiales.

Entre las personalidades presentes estaba la espectacular Vizcondesa Jacqueline de Ribes, árbitro de la elegancia. Esa noche en todo su esplendor, al terminar la exhibición de esquiadores y fuegos artificiales la fiesta continuaba con cascada de bebidas, música y baile. De repente alguien con todo entusiasmo empujó a la Vizcondesa a la piscina y por consiguiente para no hacerla sentir mal algunos se lanzaron al agua. Yo me situé un poco lejos, pues no sé nadar, (por aquello de las dudas y si por si a alguien se le ocurría proceder conmigo).

Arabella como siempre desapareció. Ya era tarde cuando me retiré a mi habitación. Estaba empezando a desvestirme y oí que alguien me tocaba la puerta preguntándome si le permita entrar. Al darme su nombre abrí y al verme con poca ropa me dijo, – "¿Quieres hacer el amor?" Para disculparme le contesté que estaba cansada. Se entabló una charla en la que me confesó que le gustaba pegarles a las mujeres con una riata especial que traía con él, para excitarlas. Reaccioné al momento firmemente. Con calma le dije que no tenía ningún interés, que eso no me provocaba en absoluto, que detestaba la violencia o mal trato. A mi respuesta no insistió más y se retiró sin problema.

Al siguiente día cuando me reuní con Arabella le mencioné lo ocurrido. Se sorprendió de la actitud de esta persona de la cual nunca hubiéramos podido imaginar que fuese un depravado. Respecto a mi amiga, por discreción, no le pregunte con quién se había quedado la noche anterior.

Un americano en París. Joseph era una nueva relación. Nos conocimos a través de amigos y en nuestra primera cita presenciamos un bello piano concierto en la Salle Playel. Él era un entusiasta de la música clásica como yo, como de cuarenta años, bien parecido, de agradable conversación. Había nacido en California y adoraba la vida en Francia. Solíamos vernos cada semana, disfrutábamos de caminatas por los alrededores. Residía en Neuilly-sur-Seine, al oeste de París. Su apartamento amplio con un adorable jardín en donde nos quedábamos la mayoría de las veces aprovechando el casi final veraniego. Gustábamos también de la buena mesa, visitando restaurantes conocidos. Nuestro comportamiento era más amigable que de gran pasión. Me parecía que él estaba más motivado y deseoso de verme más seguido que yo. Un día, me avisa que su madre había llegado a verlo y que le gustaría que yo la conociera. Yendo a buscarla al hotel a una hora convenida, me revela algo que yo ignoraba, diciéndome que él era hijo adoptivo de la famosa actriz americana Gloria Swanson. Mi expectación era grande, aunque yo no había visto sus filmes como *Sunset Boulevard* y *Norman Desmond.* ¡El conocerla era algo inusitado! Gloria lucia todavía bien conservada, con su pelo rubio, despampanantes pestañas postizas en sus ojos azules, de delgada talla, vestida glamorosamente a la americana. Joseph me presentó a su mamá. Ella gentil, puso atención a mi nombre. Cenamos en un restaurante de la Rue La Boétie en donde algunas personas la reconocieron, pero ella se mantuvo serena, muy natural. Yo no tuve la oportunidad de entrar en gran tête-à-tête con ella por mi falta del habla inglesa. Después de acompañarla al hotel nos despedimos con amigable adiós. La estadía de Joseph en París llegaba a su término. Le interesaba quedarse en Italia por el tiempo que las autoridades le permitieran. Así se interrumpió la relación, afinidad y entendimiento entre ambos. Alguien me dijo que había regresado a los Estados Unidos.

Nosotras habiendo sido introducidas en el mundo del Jet Set Internacional, hicimos conocimientos amistosos con artistas cinematográficos, pintores de la época, como también dentro de la nobleza europea. Arabella y yo despertando la curiosidad de muchos por nuestro origen y más que todo Arabella con su belleza natural e historia política.

Otto Preminger, interesante personalidad en la historia Hollywoodense, famoso por su dirección en filmes como *Laura, Carmen Jones,* etc., estaba tomando un tiempo de reconfortante descanso en la Costa Azul. Su yate anclado en Monte Carlo, en donde previamente había hecho saber que tendría las puertas abiertas para sus muchos íntimos allegados. Tomando en cuenta de sus noticias y sabiendo que él no tenía ningún interés personal en nosotras, nos atrajo pasar un fin de semana en su compañía y mutuas amistades. Fueron momentos de relajamiento y diversión al unísono. Otto hizo en sus charlas gala de múltiples incidentes y aventuras durante los rodajes, estimulantes horas de entretenimiento que absorbían la atención al escucharlo. Magnífico paseo para regresar con energía y latente sabor de lo disfrutado.

Una vez más nuestro esplendido amigo Paul Louis Weiller recibiría en su castillo, congregando a un variado grupo de camaradas. Una Rolls

Royce se estacionó a la entrada de nuestro edificio para recogernos, y del lujoso auto salió el Maharajá de Patiala (Punjab). Era él un hombre de alta estatura (gigantesco) con un turbante negro y fina redecilla cubriéndole la barba, con un traje de esmoquin, luciendo un bello collar de piedras preciosas. Todo el edificio, curiosos con el espectáculo, estaban asomados en los balcones, no queriendo perderse ni un minuto de nuestra aparición y encuentro con el príncipe. Al salir, nos saluda con fuerte acento británico, un valet atento en la puerta del coche listo para abrirla. Yo fui la primera en pasar, desaparecí hundida en los asientos de la Rolls-Royce. El Maharajá se sitúo entre las dos. Yo le observaba con prudente reojo, ya que él era verdaderamente impresionante. La conversación se llevó a cabo en francés. Nos comentó que entre sus amigos íntimos se contaban a los Príncipes de Saboya, María Gabriela y Víctor Manuel (Vittorio Emmanuele), a quienes encontraríamos luego porque eran invitados también. Nota: previamente Víctor Manuel estuvo una tarde visitándonos en nuestro apartamento, usaba muletas pues había sufrido una quebradura en una pierna esquiando. Todo el despliegue de los autos más caros se alineaba para dejar a las personas en la entrada. Esa noche entre los más notables en mi memoria, resplandeciente bella Marisa Berenson, imponentemente atractiva Pussy Grinda, elegantes los Príncipes Poniatowski, Alexander de Yugoeslavia, como también visitantes de Nueva York. Al término del banquete fuimos animados por un quinteto musical.

El Maharajá de Patiala por supuesto se enamoró de Arabella y se citaron para verse al día siguiente. Arabella regresó con dos billetes de avión en primera clase, invitación del Maharajá para ir a la India.

Cuando Arabella me preguntó si yo quería acompañarla en esa nueva aventura, yo le dije definitivamente – "No gracias." Un viaje tan largo y lejano no me motivaba en absoluto. Al negarme, cambió los boletos por la Swiss Air y nos fuimos de vacaciones a Ginebra en el mejor hotel frente al Lago Lemán.

Semanas más tarde, Paul Louis Weiller me llamó para cenar en uno de sus hoteles particulares, porque uno de los representantes superiores de sus posiciones de Petróleo en Venezuela, estaría en París para darle reportes sobre las ventas de la firma y además tópicos relacionados con el negocio. Esta persona estaría presente durante la cena y Paul Louis me necesitaría para traducirle todas estas importantes informaciones del español al francés. Me propuso llegar antes pues quería mostrarme sus proyectos de decoración ya terminados en una parte de su hotel bajo su supervisión, deseando que yo aprobara su idea. Al llegar, él me condujo primero a uno de los baños más espaciosos del lugar para empezar la visita al hotel. Las paredes que rodeaban la bañera habían sido cubiertas con diferentes clases de crustáceos alternando con conchas traídas de Tahití y de las Antillas. Era una verdadera exhibición de radiantes colores que daba la impresión de estar sumergida en el fondo del mar. Después visitamos las demás habitaciones regiamente decoradas con ricos tapices, porcelanas y espejos. Cada espacio mostrando muebles de estilos diferentes, dependiendo de la época. El señor se presentó a la hora indicada y pasamos a la mesa. Sobre cada plato estaba impreso el menú indicando también el vino a servir. Un bouquet de flores adornaba el centro de la mesa con mantelería bordada en suaves tonos. Paul Louis en cortés gesto, me pidió que yo aprobara el vino. Después de traducir todo lo referente a la compañía y darle instrucciones precisas, pasamos a otra ala de la mansión a beber el acostumbrado café y licores. Al siguiente día recibí flores y una autorización para escoger en cualquier casa diseñadora, un traje de mi predilección, dándome las gracias por mi apreciable ayuda. Opté por de la casa de Dior.

El primer ministro, Georges Pompidou, se rumoraba como posible candidato a la presidencia de la república en el caso de una renuncia del General de Gaulle. Congregaba en su residencia a personalidades gubernamentales y de alta sociedad y Arabella era una de las personas invitadas esa noche. El ministro al conocer que la hija de Jacobo Árbenz residía en París, despertó en él una gran curiosidad y deseo por conocerla, habiéndole puesto al corriente de su belleza e inteligencia. Yo permanecí despierta hasta su regreso. Quería escuchar de mi amiga cómo se había desarrollado la reunión. Después de instalarnos cómodamente en el sofá de la sala, lugar preferido para charlar, me describió su llegada, – "Al presentarme y saludar a ambos, la Sra. Pompidou se mostró atenta y amigable. Después me mezclé a conversar con parte de la concurrencia mientras departíamos con bebidas antes de pasar a cenar. Cada puesto de la mesa mostraba el lugar designado con nuestros nombres. Hubo brindis de personas importantes para animar el momento con especial deferencia y estimación para el ministro. La oportunidad de obtener una breve entrevista con el ministro tuvo lugar al terminar la cena y pasar al salón a gustar de licores y cremas. Me hizo preguntas a cerca de mi familia y de mis deseos o intenciones de radicarme en Francia. Durante los años 60, existía gran interés por la situación cubana y mis padres se encontraban exilados en el país.

En la conversación, mencionó interés por la política externa de los países latinoamericanos con respecto a Cuba. Fuimos interrumpidos por personas a su alrededor. Me despidió gentilmente. Era el momento perfecto para retirarme."

Para disgusto de María, el tener conocimiento de que su hija estaba perdiendo el tiempo, interrumpiendo con muchas distracciones sus estudios, le hizo saber que al llegar el fin de año cortaría su estadía en París. En acuerdo también con mis padres, Arabella les respondió que aceptaba su decisión pero que en ninguna circunstancia se iría a vivir con ellos a Cuba. Quedarse en El Salvador era la mejor solución, para no encontrar oposición a permisos de visitar países con los cuales Cuba no tenía ninguna relación diplomática. Por mi parte después de concluir mis clases de francés y de seguir un curso de Historia del Arte, me sentía orgullosa de haber realizado mis deseos.

Capítulo Diecisiete

Liaison en México

Junio 1963

En los jardines del Cercle Interallié, situado en el Faubourg Saint-Honoré, se celebraría con gran esplendor los treinta y cinco años de la Fraternidad de los Caballeros *Met Toi* à *L'aise*, cuyo fundador era el Conde Jean de Beaumont, con una cena-espectáculo. En la invitación se exigía vestir de largo y esmoquin. Se servirían cócteles a las ocho y media para luego pasar a la mesa. Después del espectáculo, amenizarían dos orquestas en vivo para bailar. Solamente las personas que habían tomado parte en las cacerías de aves en Alsacia estarían presentes, y que al final de la cena les sería permitido reunirse con sus parejas. Las mesas distribuidas en el amplio jardín estaban dispuestas para sentar ocho personas con tarjetas que indicaban el sitio del invitado. Centros de arreglos florales adornaban las mesas y también lucían parasoles blancos y en cada plato un regalo bellamente empacado de Dior. A la entrada del Club, había una mesa de recepción en donde se firmaba el libro perteneciente al oferente para identificación. Una línea de valets recibían las estolas y chaquetas. La concurrencia se presentaba puntualmente tal como lo exigía la ocasión. La calle aparecía concurrida para presenciar *El todo París*.

Para mi complacencia, sentado en mi mesa estaba el prominente mexicano Emilio Azcárraga, dueño de Televisa, con quien me entretuve hablando en nuestro idioma español. Al terminar la cena, se inició el espectáculo con el tema *Divertimento Campestre*, en la que la famosa y principal bailarina del Ballet de París, Tessa Beaumont era parte de la obra con tres figuras más, integrantes del ballet.

Ante el asombro y admiración de todos, la arboleda que era parte del jardín apareció iluminada con luces de tonos azules y verdes, dando la impresión de un atardecer en el bosque. Una figura de gacela se muestra, saliendo la foresta (Tessa) como buscando o reconociendo el lugar. Repentinamente se asoma un antílope y al encontrase bailan juntos saludándose, seguidos de dos venados más, danzando y corriendo entre los árboles como jugando en una escena de gozo y armonía. La coreografía fantástica diseñada por el conocido Ronee Aul. Al concluir el ballet, escuchamos la coral de Obenheim y las trompetas bávaras del Baron von Malsen. Una sorpresiva y fantástica alborada de fuegos artificiales fue seguida por las orquestas para bailar, momentos apropiados para los consortes de los asistentes a unirse al festejo. Arabella y Emilio se conocieron durante la fiesta y él le sugirió que si alguna vez visitaba la ciudad de México, que lo llamara para coordinar alguna actuación en sus programas de televisión. Sensacional aparición de la hija de Jean, la Vizcondesa Jacqueline de Ribes, como siempre regiamente vestida. Se destaca también la bellísima Pussy Grinda adornada de aretes y collar de esmeraldas. La fiesta continuó con la alegría de los presentes hasta tarde.

Arabella entro en una disposición de negatividad, melancólica, deseando ver nuevamente a Peter O'Toole. En mis posibilidades de ser buena amiga, el contemporizarla y distraerla era una verdadera tribulación. Desde hacía algún tiempo estaba saliendo con el Príncipe George Galitzine, propietario y director de las Galerías Printemps. Él se mostraba enamorado de Arabella, quien, pasaba en su compañía durante los fines de semana en su casa de campo en las afueras de la ciudad. Para complacerla, decidió cambiar esa rutina, haciendo reservaciones en el Hotel Palace de Gstaad, estación de invierno Suiza, a la que yo iría también.

Hicimos el recorrido en auto, placenteras vistas panorámicas de los Alpes, pasos de montañas blanqueadas, protegidas y guardadas por la nieve. Ambiente fabuloso, atmósfera de quietud alternando al mismo tiempo por el silbar de un viento amenazador y al pasar, respirar nuevamente la serenidad de la región.

El Hotel Palace de refinada y lujosa distinción, ofrecía en su área de la estancia una enorme pira para darle calor e intimidad al turista. El restaurante sugería un seductivo menú, cenamos gustando de fondue, acompañado de vinos y ensalada. La presentación de los postres era tentadora, hubiéramos querido probarlos todos. Luego pasamos a escuchar música en vivo en el salón-bar, y como parte del entretenimiento cantaba una joven americana con fantástica voz. Más tarde me retiré a mi habitación y alrededor de la una de la mañana desperté con ruido en la puerta. Era Arabella quien llamaba. Sorprendida al verla le pregunté qué sucedía y me dijo, – "Es que no puedo dormir sin ti."

Temprano por la madrugada regresó a su habitación con George. Ellos se desaparecieron esquiando por largo rato. A su regreso volvimos al restaurante a almorzar. Tal vez era tarde para el servicio de normales horas. Arabella pidió un risotto que no estaba incluido en el menú. Al servírselo y probarlo llamó a quien nos atendía la mesa, reclamando que lo que ordenó no sabía a nada y empezó a violentarse, casi insultándolo, situación embarazosa tanto para George como para mí. Las personas que todavía permanecían en el comedor nos miraban. Se calmo por fin. Ese fue un mal signo de inestabilidad, estaba fuera de sí, sin una razón de peso. Terminamos el almuerzo y después del incidente, George propuso regresar a París. Ya no era agradable quedarse y poco a poco se dejaron de citar, el tedio volvió a ella.

Estaba decidida la fecha de volver a El Salvador en el mes de noviembre. Un mes antes entregaríamos el apartamento de la rue Euler, en donde permanecimos la mayor parte de los años en París. Yo mantenía una estrecha relación con André Dubonnet, quien me ofreció me quedara en su Penthouse de la Ave Montaigne en donde podría quedarme hasta mi salida. Arabella había hecho planes de irse con un amigo a su apartamento.

Arabella continuaba con ese necio amor por Peter O'Toole. Ninguna relación le satisfacía. Nadie podía reemplazar lo que su corazón mandaba. Me hablaba de él con gran pasión. Se imponía la necesidad de encontrarlo lo más pronto posible. Logró contactarlo, enterándose que él gozaría de un intervalo en los estudios donde filmaba, tiempo apropiado para verlo en Londres. Partió muy emocionada. Se citaron en un discreto hotel para guardar privacidad. Ella iba dispuesta a luchar y tratar de convencerlo de una posible convivencia. Excitada por reunirse, en su mente se hacía mil promesas de enamorados con locos deseos. La reunión con Peter fue desastrosa. Categóricamente él se negó a continuar verla, no más futuras citas. Le explicó que tenía actualmente problemas maritales y por consiguiente no estaba preparado para tomar ninguna decisión. Arabella regresó con un sentimiento de derrota, sabiendo que no lo volvería a ver, triste y pesarosa. Esto fue un trágico golpe emocional. Entendió que no la quería suficientemente, motivando en ella un desequilibro de inseguridad con su obsesivo amor, afecto insuficiente para él. Arabella, adorada por tantos hombres, Peter era el único que la rechazaba, shock en su vida, el daño estaba hecho.

Aprovechando la ocasión de permanecer esos días en Londres, Arabella visitó de nuevo el lugar en donde compró mi perrita Kooky y a su regreso me sorprendió con otro Yorkshire Terrier a quien le nombró Simón. Viajaríamos con ellos en cabina, solo teníamos que preocuparnos por los permisos y vacunas para su aprobación en la migración americana.

Era vital y preciso cambiar de atmósfera dejando Francia. Dejando Europa tal vez se calmaría un poco tratando de olvidar. Llegó el momento de despedirse de los buenos amigos, fueron días de inconsolables instantes, desolados de vernos partir. En Nueva York nos quedamos probablemente una semana en el apartamento de Oleg Cassini en Manhattan.

Capítulo Dieciocho

Nueva vida en El Salvador

Noviembre, 1963

Salida de París, once de la mañana con destino a América. Nueva York, Aeropuerto Kennedy. Largas filas de gente hasta aproximarse a migración. Arabella y yo fuimos separadas de la misma línea, cada una con su perro en brazos y cansadas por el cambio de horas.

El oficial que me atendió pidió presentar los permisos y vacunas de mi perra ya que estaban escritos en francés. Les dio una rápida revisión y no se molestó en llamar a un traductor para estar seguro de que estaba todo correcto, pero parecía que faltaban algunas vacunas más. Luego se concentró en mi preguntándome si tenía el antídoto contra la rubéola y al contestarle que no, me hizo pasar a otra dependencia para inocularme. Que ironía, al perro le faltaba una y el hombre no se dio cuenta por estar escrito en otro idioma y fui yo su objetivo. Arabella me esperaba afuera preocupada por mi tardanza. Finalmente, todo resuelto, rentamos una limosina porque los taxis no nos querían llevar con perros. ¡Qué odisea!

Nueva York, masas de rascacielos como gigantes de hierro y vidrio, plástica visión del nuevo mundo, población fría e indiferente. Trote de las gentes en las congestionadas calles, escándalo de ruido de los autos, todo un conglomerado de amenazadora rapidez. Gran contraste con las capitales europeas. Reminiscencias nostálgicas de sus pueblos medievales, ambiente de paz, aromas de sus campos de lavanda. Ah...... todavía estaba mentalmente en Francia.

El flat de Oleg ofrecía una soberbia vista del lado del río Hudson, excelente situación en Manhattan. El lugar era lujoso, pero al mismo tiempo acogedor. Oleg nos quería llevar esa primera noche a darle una vuelta a la cuidad y cenar en algún lugar de moda, pero estábamos exhaustas. Le dimos las gracias y lo dejamos pendiente para el día siguiente.

Llamamos a nuestras familias, mis padres estaban ansiosos por verme. María recomendó a Arabella acatar las reglas de la casa de tía Cita en San Salvador.

El segundo día, el subir y bajar perros era un aquelarre. Fuimos de compras y ver un poco la cuidad, las tiendas de ropa (una verdadera tentación). Quisimos también visitar el Museo de Arte Moderno MOMA y más galerías, pero teníamos que apresurarnos para llegar a alimentar y sacar a los perritos. Esa noche Oleg nos llevó al Waldorf-Astoria a tomar una copa y cenamos en un restaurante en el área del SOHO.

Tercer día. Oleg saldría por unos días a Los Ángeles por un compromiso de trabajo, durante su ausencia nos dejaría solas. Arabella se comunicó con Kiki Olsen, con quien hicimos amistad en París. Ella se había radicado en Nueva York con contratos para modelar. Le sugirió salir con un amigo en un blind date y Arabella aceptó. Yo me quedé en el apartamento y tomé la decisión de regresar a El Salvador antes de lo planeado. Arabella no estuvo de acuerdo con mi determinación, pero me dejaría ir adelante.

Escogí volar en Pan American vía Miami, ruta al El Salvador. Abordé el vuelo en Nueva York haciendo escalas en La Florida y Guatemala y como destino final San Salvador. En Miami se llenó el avión con concurrido volumen de gentes salvadoreñas, entre ellas reconocí a tres señoras quienes ocuparon los asientos situados detrás de mí. Escuché sus comentarios que hacían entre ellas – "¿Qué irá a hacer esa francesita a San Salvador?" Yo iba vestida de pies a cabeza en Chanel, con mi Kooky al lado. Mi traje era de tweed de colores pálidos, en rosados, verdes y beige, con el icónico cinturón de cadena de Chanel, coordinado con el clásico zapato de la Casa hechos a mi medida. Todo el ensamble coordinado con una cartera. Al descender el avión, desde allí pude contemplar el terruño con sus montañas de un verde exuberante. El avión dio una rápida vuelta y vista al volcán antes de aterrizar. Fueron instantes que invadieron mi emoción, con la interrogante al mismo tiempo de cómo me sentiría de nuevo allí. Yo era una extranjera en mi propio país.

Al momento de abandonar el avión y levantarme de mi lugar me dirigí a las señoras y les dije, – "Ustedes no me reconocieron. Yo soy Noemi Cano." Ellas muy sorprendidas e incómodas me concedieron una sonrisa y saludo, (probablemente molestas conmigo por haber oído sus charlas). Luego empecé a bajar las escaleras despacio tratando de localizar a mi papá, él me buscaba fijando con su mirada a cada persona que descendía. Entonces al llegar cerca y al mirarme, dio una exclamación de sorpresa pues no me había visto por cuatro años. Por lo visto mi cambio físico era increíble, estaba estático, casi no podía decir palabras de la admiración con que me inspeccionaba. Reaccionó y me ayudó cargando a mi perrita y pasamos juntos todo el proceso migratorio (él tenía un permiso especial que le permitía entrar en todas esas dependencias).

Manejando hacia la cuidad, observé la suciedad y la pobreza, el descuido de las calles y andenes sin reparar, todo me parecía mediocre. Mis padres residían en una casa colonial de dos plantas. La entrada con una verja de hierro y un pequeño patio adornado con plantas tropicales, estilo español. Mi mamá al oír el ruido de nuestra llegada se mostró inmediatamente a la puerta y al verme entró en sollozos en un despliegue sentimental, abrazándome y dándome besos. Me dijo, – "¡Noa! ¡Estás divina!" Habían preparado una habitación con ventanas que daban vista a un patio interior sembrado con algunos árboles frutales. El contraste con mi vida pasada de fausto y esplendor terminaba allí.

Arabella me llamaba de Nueva York todos los días. Me dijo se mudaría con Kiki Olsen durante mi ausencia porque las sobrinas de Oleg ocuparían el flat. Se quedaría una semana más y me pidió informarme si la oficina Vilanova le había girado su mensualidad porque estaba un poco corta de dinero. Su perro Simón se había enfermado (falta de cuidado) y Arabella se puso histérica. Pidió una ambulancia para llevarlo a una clínica veterinaria y los paramédicos estaban furiosos con ella por haberlos llamado. ¡Claro que esto fue amonestado por ellos, quienes de toda forma la llevaron a la clínica!

Arabella me anunció su llegada pidiéndome ir a recibirla. Mi papá me prestó su auto y motorista. Cuando empezó a caminar hacia donde yo la esperaba, noté que su conducta era un poco rara, como distraída y con los ojos rojos como si hubiese llorado. Durante el trayecto a la casa de su familia, le pregunté que la notaba extraña. Me confesó que había asistido a reuniones con gente que se drogaba y que la noche anterior a su viaje, ella también había probado 'algo' que la relajaba y hacía sentirse bien.

Su confesión me causó una gran pena. La reñí con firmeza al intuir la gravedad de un mal principio como son las drogas que traen siempre consecuencias a lamentar. Le dije, – "Tú no tienes ninguna necesidad o razón para probar sustancias peligrosas, qué te llevaría tal vez a continuarlas ¿Cuál es el problema? ¿Para qué necesitas de eso? Eres joven y bella, rica y saludable, traes a todos los hombres locos por ti, ¿Qué más puedes pedir?" Se quedó pensando en mis palabras, silenciosa por un rato, luego se recostó en mi hombro y me dijo, – "No lo vuelvo a hacer".

Llegamos a la casa. La tía Cita salió a recibirla, no muy contenta con su aparición y como siempre me midió con mala cara. Subimos a su habitación, la ayudé a colocar su ropa, eran ya casi las seis de la tarde y mis padres me esperaban a cenar. Me despedí prontamente, quedamos de vernos más tarde o a la mañana siguiente.

Arabella se sintió sola y triste viviendo en casa de los abuelos y alejada de estar conmigo. Nos hacíamos falta. Aunque nos reuníamos durante el día, el despedirnos para dirigirnos a diferentes casas era una situación no placentera. Días después Arabella me llama y me pide quedarme a dormir en su casa. Yo al principio me negué sabiendo que tía Cita le había prohibido llevar amigas a su morada. Veía a los jóvenes con descontento, molesta, incómoda situación y desesperante para Arabella, después de haber vivido solas en plena libertad en una sociedad liberal. Pero ante su insistencia y lamentos me convenció y esa noche me introdujo a su área de incógnito, pasando rápido a su habitación por el patio interior sin hacer ruido. Cuando nos encontramos a salvo en su recámara, nos sentimos felices de poder pernoctar esa noche juntas. Platicamos hasta cerca de la media noche y nos dormimos profundamente hasta que, a las seis de la mañana, con un ruido violento se abrió la puerta del dormitorio y despertamos con los gritos histéricos de la tía Cita, ordenándome salir en el acto de su casa. Arabella se enfrentó con ella, también violenta por la manera de tratarme. Arabella me acompañó a la puerta de la calle en donde un taxi me llevaría a mi casa.

Durante la mañana Arabella vino a verme y me dijo que la situación en su casa era invivible. Mis padres oyeron la conversación e inmediatamente le propusieron que se mudara con nosotros. Mi papá le dijo que estarían contentos de recibirla y que no tendría que preocuparse de nada. Mamá pensó que nos cederían su dormitorio de la planta alta y ellos pasarían al mío, para nuestra comodidad. Arabella, feliz del arreglo, se comunicó con sus padres para darles la noticia del cambio, por lo cual aceptaron y estuvieron de acuerdo.

Equipamos el dormitorio con muebles cómodos. El dueño del almacén en donde los compramos, en su plática nos dijo que él estaba asociado con compañías constructoras de casas prefabricadas, amueblándoles las casas modelo con su repertorio. Con el problema que su inventario estaba un poco corto, necesitaba de un nuevo repertorio con ideas nuevas para aumentar su colección. Esto nos dio sugerirle proponiéndole diseños que nosotras le presentaríamos para trabajar exclusivamente para su negocio (necesitábamos hacer algo para incrementar nuestras mensualidades).

También nos pusimos en contacto con Galerías de Arte. A ellos les interesaría promover sus pinturas en las casas modelo con artistas nacionales y así aumentar las ventas.

Yo empecé a sentirme molesta con ciertas comidas y olores como el jabón y fragancias. Le hice el comentario a Arabella agregándole que estaba tarde en mi período. Ella me dijo que tal vez era el cambio de clima o la conmoción del regreso y no le puso más atención.

Las celebraciones Navideñas brindaban reuniones en casas particulares y en los Clubs. Todos los amigos estaban felices y deseosos de recibirnos. Entre ellos Manolo Miranda y su esposa Chryssanthy eran los más entusiastas en agasajarnos. La Navidad la pasamos en familia y el Año Nuevo lo celebramos en casa de María Celia y Titi Cohen y con un grupo de allegados. Cuando nos presentamos y entramos al salón, todo el grupo se quedó perplejo al ver mi nuevo 'yo'. Íbamos bellamente vestidas y peinadas a la última moda. Lo pasamos regio.

Capítulo Diecinueve

Sorpresa y dolor

1964

Llegó el aburrido mes de enero. Alfonso y Sonia Álvarez inauguraban su yate, saliendo del Puerto de El Triunfo, en la Bahía de Jiquilisco. Sonia nos hizo invitación para acompañarlos a su propiedad, al otro lado de la Bahía y vacacionar con ellos por una semana.

Durante el almuerzo de ese día, antes de recogernos para el viaje, mi papá y Arabella tuvieron una discusión sobre la política. Yo me puse tensa, muy agitada, corrí al baño y me vino mi período. Le hice saber a Arabella y ella contesto, – "Ya sabía que era solo un pequeño retraso". Sonia y Alfonso tenían tres niños y a todos nos acomodaron en una camioneta grande. Aparte, en otro auto, iba el servicio y provisiones del caso. El recorrido duró casi cuatro horas hasta el Puerto en donde el yate estaba anclado, perfectamente equipado con confortables alojamientos y elegante simpleza. La bahía no estaba agitada y la atravesamos en suaves olas hasta llegar al rancho.

El rancho proporcionaba dormitorios decorados con rústica distinción, corredores con hamacas, piscina, caballos, en suma, era un retiro de lujoso bienestar. Había también la opción de bañarse en el mar. El Pacífico con su continua corriente de rítmico movimiento, extensa playa cuajada de conchas de múltiples colores. ¡Que belleza!

Arabella al ver la piscina decidió darme lecciones para aprender a nadar, pasamos un buen rato en el agua de perfecta temperatura pues hacia calor. Llegó la hora de cenar y la velada fue alegre, todos gozábamos de buen humor. Alfonso decidió volver al siguiente día a la capital en donde tenía pendiente negocios de importancia. Dijo que regresaría cerca del fin de semana.

Por la mañana hicimos el tour en caballos para ir a bañarnos a la playa, fue un recorrido de unos veinte minutos, todos puestos, listos y contentos de partir. Al bañarnos, las olas del mar nos golpeaban la espalda, deliciosa sensación dándonos incentivo para quedarnos largo rato. Para los niños era el perfecto paseo, difícil convencerlos para volver al rancho.

Después de saborear un almuerzo campestre, tomamos una corta siesta. En los ranchos vecinos, estábamos invitadas a jugar cartas. Todas las señoras estaban impacientes por empezar la competencia de Gin Rummy. Arabella escogió su equipo y yo me senté con otro grupo. Habíamos jugado, quizás un par de horas, cuando sentí la necesidad de levantarme para ir al baño. Al limpiarme, descubrí que había expulsado algo como una vena gruesa, y la sangre del período se mostraba obscura, terrosa. Fue entonces cuando me di cuenta de que estaba embarazada y lo perdía naturalmente dado todo el ejercicio hecho. ¡Estaba aterrada! No sabía cómo reaccionar. Regresé al lugar en donde se llevaba el juego. Me acerqué a Arabella diciéndole lo que me sucedía. Se asustó mucho, se excusó por terminar abruptamente el juego diciéndoles que era una emergencia. Caminamos hacía el rancho de Sonia y ya dentro de la habitación empecé a ir al baño cada quince o veinte minutos descargando grandes cantidades de sangre. Era imposible esconder lo que me pasaba, todo el mundo en alerta. Arabella a mi lado muy preocupada, yo creía morir, no había manera de llevarme a un pueblo cercano en donde seguramente había un doctor y Alfonso regresaría días más tarde. Entre las personas que se encontraban en los ranchos vecinos, estaba la famosa pintora Julia Díaz y al informarse del peligro de lo que me sucedía, contrató a un nativo dueño de una canoa y se embarcó para ir a traer a un médico que pudiera atenderme. En el puerto de El Triunfo, pudo contactar a un médico que se negó a seguirla. Julia regresó consternada de no haber tenido éxito en la misión de su propia iniciativa.

Toda la noche sufrí hemorragia, enormes bolas de sangre y al llegar la mañana expulsé todo el feto e inmediatamente cesó completamente la salida de sangre. Serían las diez de la mañana siguiente cuando alguien hablaba fuerte diciendo, – "Don Alfonso ha regresado". Retorno providencial, pues yo necesitaba volver a la capital para ser examinada por un médico. Le informaron lo sucedido y acto continuo organizaron como conducirme al yate. Ayudados por un par de empleados del rancho, me colocaron lenta y suavemente en una hamaca, hasta dejarme en un confortable lugar. En aguas con violentas ondulaciones llegamos al puerto. Arabella acompañándome. Sonia y Alfonso nos proporcionaron su auto y motorista, quien condujo cuidadosamente evitando los golpes de la carretera, porque la vía estaba en muy malas condiciones. Horas después al atardecer llegamos a casa. Mis padres nos recibieron sorprendidos y asustados por nuestro pronto regreso, preguntándome que pasaba. Yo les hice saber mi problema y contactamos al doctor quien dijo que me atendería cuanto antes en su hospital. Le pedí a Arabella regresara al paseo mientras yo me recuperaba y darles las gracias de mi parte a mis amigos quienes me dieron amigable y cordial comprensión.

Nunca me imaginé que mi falta de precaución me hubiese llevado a sufrir una perdida. ¿Cómo me pude fallar después de haber sido testigo de las faltas de Arabella? ¿Qué hubiese sucedido si el embarazo hubiera llegado a su término? Esta situación fue muy embarazosa para mí y mi familia. Seguí las instrucciones de mi doctor para evitar otro incidente parecido.

Pensé mucho en mi exnovio Salvador Peralta. Cuando regresé a El Salvador, llamé a su casa. Su madre me dio la triste noticia que Salvador había fallecido. Él había sufrido dos derrames cerebrales y como consecuencia había muerto. Su madre me dijo que desde que me fui a París, Salvador no había parado de beber. Se había convertido en un alcohólico. Durante sus borracheras, Salvador le preguntaba a su mamá, – "¿Es verdad que la Noemi Cano era mi novia?" – "Si, Noemi fue tu novia". Había entrado en una depresión y el alcohol lo consolaba. Parece que hasta el día que me fui de su vida se dio cuenta de que me quería.

Capítulo Veinte

¡Ándale, México!

Trabajamos diseñando muebles en estilos innovadores, adaptándolos para casas de áreas no muy amplias. Seguíamos una vida de tediosa rutina provincial, sin ningún derrotero o prospectos de realizaciones ventajosas. Teníamos novios, pero nadie que de verdad nos interesara. Nuestras amigas estaban todas casadas y con niños pequeños. Nuestra vida social consistía en ir al country club a ver jugar polo, y después ir a comer con las amigas. Era una aburrida perspectiva de la cual no nos podíamos escapar.

Hasta que una tarde, Arabella llegó a casa con dos boletos de avión para la ciudad mexicana. Yo le di una mirada de interrogación, y ella me dijo, – "Tuve una entrevista con un importante señor, hombre de negocios, banquero, quien me propuso una escapada al Puerto de Acapulco por cuatro días. Estuve a punto de rehusar el ofrecimiento, pero pensé que sería la perfecta solución para buscar trabajo en México, con nuestros contactos, y desarrollarnos mejor que quedarnos aquí. Yo le dije que para disimular nuestro encuentro me gustaría que tú me acompañaras, y el no dudó un momento en estar de acuerdo."

Entusiasmadas por salir de El Salvador, aunque tuviésemos que volver, era un aliciente ir a un país tan atractivo, a una bella cuidad con presentaciones de teatro, música y folklore. En fin, parecía un camino más adecuado para nuestras aspiraciones.

Al llegar al Distrito Federal, la compañía de avión en la que volábamos brindaba una oferta de tres días en el Hotel Regis. Así nos ahorraríamos pagar otro hotel. El primer gesto de Arabella fue de llamar a Emilio Azcárraga, a quien habíamos conocido en París durante la gala del *Met Toi* à *L'aise*. Emilio la invitó a salir esa primera noche (él estaba recientemente divorciado de Pamela de Surmont).

El señor salvadoreño se juntaría con nosotras en un par de días en el Hotel Regis. Alrededor de las dos de la mañana, Arabella me llama y me dice que Emilio estaba enloquecido con ella y que no permitía dejarnos en ese hotel de inferior categoría. Él nos invitaba a cambiarnos al Hotel Presidente y ocupar la suite presidencial en el acto. Arabella me rogó prepárame para recogerme temprano. Arabella se presentó en el tiempo acordado, yo dispuesta con las maletas en la puerta del hotel. El taxista puso todo el equipaje en el baúl del auto. Yo entré primero al auto y ya Arabella lista para situarse a mi lado, se voltea al oír su nombre y se queda perpleja al encontrarse cara a cara con su amigo, el señor salvadoreño quien llegaba a recogerla, y le pregunta – "¿Y ustedes para dónde van?" En ese instante yo pensé, – "¡Trágame tierra! por el susto y vergüenza de alejarnos sin notificarle nada. Arabella muda de la sorpresa, casi incruentamente le contestó que cancelaba la invitación y que nos cambiábamos a otro hotel. Ella entro violentamente en el taxi, cerró la puerta y dejó a su amigo completamente con la boca abierta sin todavía comprender lo sucedido.

El administrador del Hotel Presidente nos esperaba ya habiendo sido advertido por el propietario. Nos condujo con gran ceremonia a la suite concedida con galante sonrisa. Era él un hombre joven y apuesto, su nombre era Rodolfo Navarrete. Con gran diplomacia nos advirtió que estaba 'terminantemente' prohibido llevar animales al hotel.

Mientras tanto, me pareció rudo no darle una excusa al señor salvadoreño. Arabella había actuado precipitadamente con insolencia. La convencí en yo llamarlo y así lo hice. Hable con él y quedamos de vernos por la noche. Y para no darle indicios donde nos hospedábamos, fui a encontrarlo a su hotel.

Dijo que estaba decepcionado por la conducta de Arabella. Yo traté de suavizar la situación lo mejor posible para excusarla. Cenamos en uno de los mejores restaurantes y luego presenciamos en un teatro una revista musical. Para entonces él estaba bastante tomado de licor y era el momento perfecto para despedirme y escoltarlo a su hotel.

Emilio nunca nos visitó en la suite. Llegaba a buscar a Arabella y se encontraban en el lobby casi todos los días. Pasaron tres semanas y el romance estaba bien plantado. Tomamos la iniciativa apoyada por la insistencia de Emilio de ir a San Salvador a recoger el resto de nuestras pertenencias para regresar y para residir en México.

Aunque mis padres estaban muy contentos de vernos, se entristecieron cuando les dimos la noticia que pronto retornaríamos a la Ciudad de México. Sabiendo que era prohibido alojar perros en el hotel, Arabella y yo nos arriesgamos a llevarlos, desafiando las reglas del lugar.

Cuando aparecimos en el hotel, Rodolfo, el administrador nos descubrió con los perritos, y se molestó mucho. Nos hizo subir por los elevadores de empleados, para así esconder la evidencia ante los residentes y visitantes. Nos rogó usar ese mismo medio para cuando tuviésemos que sacarlos. Obviamente el servicio que nos atendía estaba al corriente de ese permiso especial. Este ritmo siguió por un par de meses.

Rodolfo me invitó a salir y empezamos a vernos con frecuencia en un placentero romance. Su apartamento estaba situado cerca del hotel, ya que tenía que estar atento para cualquier tipo de eventualidad debido a su rango. Así yo también podía verlo sin alejarme mucho.

En la suite a nuestra disposición, disfrutábamos de espaciosas recámaras, cada una independiente de la otra. Arabella en una de esas noches en la que no saldría con Emilio, me pidió retirarme a la mía temprano pues tendría de invitado al actor George Hamilton. Le advertí que era mucho aventurarse a recibirlo, podría ser una mala provocación en su situación, comprometiendo su idilio con Emilio. Y, como de costumbre, hizo oídos sordos a mi comentario. Yo prontamente me retiré a mi acostumbrada habitación sin más.

La buena fortuna no dio ningún indicio de la visita, que pasó completamente inadvertida. Tiempo después Steve McQueen la visitó también, y Emilio siguió completamente ignorante de todo esto.

Una mañana después de quedarse con Emilio, Arabella entró con las llaves de un auto, regalo de él, para que pudiéramos movilizarnos. Era un auto Valiant de color gris. Emilio le propuso buscar una casa en el área de la Reforma para nuestra conveniencia. Rápidamente encontramos una mansión en Reforma Sur, amueblada, con tres habitaciones y un bello jardín. En el salón había un piano de cola y la casa estaba decorada con un estilo acogedor, contando con una pareja al cuidado de esta.

Arabella Árbenz
Paris, 1963

Capítulo Veintiuno

Visita sorpresiva

En feliz y casual reunión, nos encontramos en compañía de nuestras madres, quienes sin ponerse de acuerdo coincidieron en presentarse en México. María y su hijo Jacobo llegaban de Cuba, en donde continuaban su duro exilio. Lejos y despojados de su tierra natal y familias, nunca perdonarían la ingrata malicia de los americanos, apoyados por desleales militares prestándose al famoso y traicionero golpe de estado. María con visa de tiempo limitado permitido por el gobierno mexicano se retiraría la primera.

Mamá acompañada también de mi hermano Julio se hospedaron con nosotras. María y Jacobo optaron por quedarse en un hotel. Ella, estando enterada de la relación de su hija con Emilio, le molestaba el hecho de residir en la casa de Reforma, aunque Emilio jamás se permitió visitarnos o conocer el lugar. Tanto Jacobo como mi hermano entraron en franca camaradería y haciendo uso del auto de Arabella gozaron de presenciar juegos de su predilección de acuerdo con su edad. Pasamos alegres días con ellas. Arabella con un poco de distante actitud con su madre, yo, por lo contrario, melosa de abrazos y besos con la mía. Hicimos varias visitas enseñándoles las áreas más conocidas de la bella capital, como su famoso museo de Antropología, el parque de Chapultepec, el área de Polanco y las Lomas, la Plaza del Zócalo y el Paseo de la Reforma.

Llegó el momento de despedirnos. Mi mamá contenta de vernos y mi hermano Julio prolongó su estadía por unas semanas más.

Arabella en varias pláticas privadas con María, le hizo confidencias de sus condiciones de vida en La Habana. Ellos con restricciones de no poder participar en ningún programa político en el cual ellos podrían tener alguna actividad, sin libertad de acción para ello. En lo concerniente a la cuestión alimentaria, era un permiso especial concedido a asilados importantes. Como de vez en cuando les daban pollo. Jacobo y María tomaban bastante, su hermana soñaba con regresar a Rusia a continuar sus estudios. Era en realidad una vida vacía, prácticamente aislados. Durante las celebraciones patrias de la revolución cubana eran invitados, pero los sentaban en sitios reservados un poco alejados del líder para no despertar curiosidad, quitar o distraer la presencia de Fidel. Ellos siempre en segundo plano. Todo esto estaba planificado, hasta las tomas fotográficas sin enseñarlos mucho. Existía una extrema vigilancia, había denuncias, control, oídos abiertos.

María le dijo que ese tipo de régimen ellos nunca lo hubiesen implantado en Guatemala porque sus ideales eran ayudar a superarse las clases sociales pobres sin comunismo. Ellos no buscaban implantar esa manera radical. Lamentaban el error cometido en radicarse en Cuba, teniendo que aceptar y conformarse. Ante el mundo ese cambio confirmaba lo que en el pasado ellos negaban. Nota: Arabella me hizo partícipe de esa confidencia, rogándome no comentarla con nadie. He tratado de recordar para relatar el contenido.

El movernos a la Ave. Reforma causó mi rompimiento con Rodolfo. Se terminó el encanto de vernos fácilmente, no parecía de todas maneras una relación de mucha importancia. Nos quedamos solamente en amistoso entendimiento y nos comunicamos por algún tiempo.

A través de Emilio hicimos conocimientos de personas importantes en el medio social como también del grupo artístico y de magnates, entre ellos los hermanos Carlos y Jorge Trullet, propietarios de Teléfonos de México, Clemente Jacques, Jorge Palomino, el conocido arquitecto Pani, etc. Durante ese período conocí a un apuesto hombre, Harry Skipsy quien se convirtió en mi nuevo novio, yo motivada por sus maneras y atenciones estaba satisfecha y feliz.

Carlos y Jorge Trullet llamaban a una tienta (corrida de vacas) en su hacienda situada en Celaya al norte de la capital mexicana. Nos hospedaríamos en casa de Jorge Palomino, la casa centrada en el bellísimo pueblo de San Miguel de Allende, lugar preferido por artistas de cine, pintores, intelectuales y del Jet Set internacional. El pueblo en sí tiene un encanto especial. Su arquitectura de casas coloniales, calles empedradas, iglesias y con una naturaleza que se presenta y luce profusa de abundancia. Los dueños de casas hacen de sus patios decorados de fuentes y plantas, recodos mágicos para soñar. La casa de Jorge era una de ellas.

Salimos por la mañana a temprana hora pues el recorrido era largo. Las vías automovilísticas eran buenas, pero el congestionamiento era grande debido a las masas que circulaban circundando las diferentes direcciones de entrada y salida del Distrito Federal. Mi hermano

Julio y yo en el auto de Arabella, Emilio en el suyo acompañado de Arabella. Habíamos recorrido unos cuantos kilómetros cuando en una parada nos embistió un auto fuertemente dañando la parte trasera del auto, con la suerte de poder seguir en él hacia San Miguel de Allende. Arabella no dio mucha importancia al choque del auto, solo dijo que lo mandaría a reparación pues tenía seguro.

Por la noche fuimos a uno de los restaurantes que ofrecía los mejores platos de la región, al mismo tiempo probaríamos las confiterías de Celaya que son su especialidad.

Llegamos a la tienta al medio día del día siguiente. El grupo de invitados era grande, todo el mundo en disposición festiva, y en el corredor de entrada a la arena de la corrida había un selecto bar para todos los gustos. En el centro de la arena instalaron sillas para que los concurrentes que quisieran tomar parte en quedarse parado en ellas esperando la salida de las vacas y enfrentarlas sin moverse, se trataba de agitarlas para embestir. Arabella y yo fuimos voluntarias para el encuentro y entre ellos Clemente Jacques. Cuando les dieron puerta libre a las vacas y entraron a la arena, ya teniéndolas cerca, Clemente grita, –"¡Corran! Tirándose de su silla, nosotras le seguimos llegando a salvo hasta las barreras protectoras, riéndonos del susto a más no poder.

Pasada la tienta, la siguiente etapa era seguir en la hacienda de la familia Trullet para la celebración con una parrillada. Era preciso reunir de nuevo a todos los asistentes de la corrida, agasajándoles con un increíble y bien surtido bar abierto en todos los corredores que circundaban el rancho. Al mismo tiempo la recepción era servida por camareros ofreciendo una extensa variedad de canapés, mientras se preparaba la parrillada. Grupos de amigos y conocidos se repartían en alegre convivencia y jocosidad. La fiesta continuaba y por largo rato perdí de vista a Arabella y Emilio, pero cuando de nuevo los tuve cercanos, observé que había tensión entre los dos. Se cruzaron varias palabras, ella lucia colérica y altanera en sus respuestas. Mas tarde, mi hermano bastante borracho y haciendo alarde de macho armado dio la mala nota, retando a las personas cercanas a él con una pistola que pertenecía a Arabella. Nota: pistola comprada años atrás en San Salvador. Todavía no me explico por qué mi hermano la tenía.

Estos fueron momentos embarazosos, dando fin al festejo yo me sentí avergonzada, mortificada, situación humillante. Nos retiramos inmediatamente. Al día siguiente Julio no se acordaba de nada. Saludamos a Jorge apreciando la invitación de quedarnos en su casa.

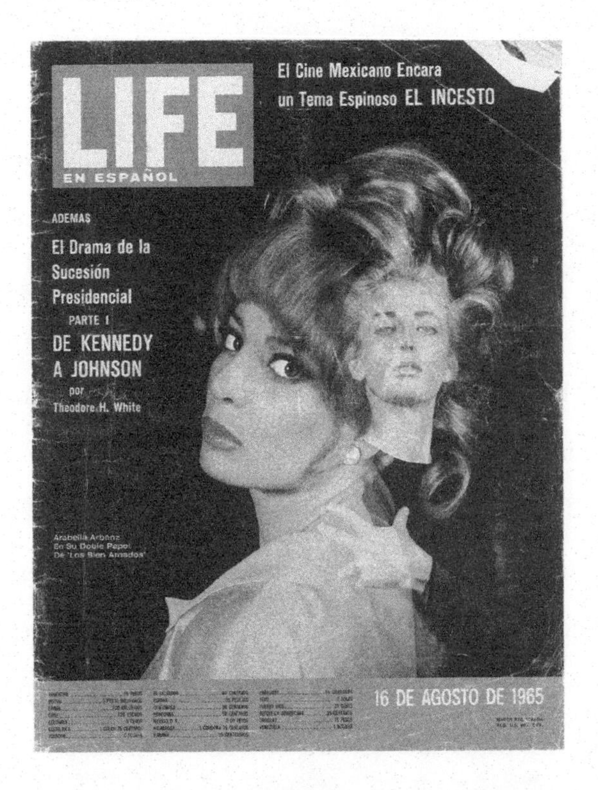

Una pirámide de secretos anhelos

LOS BIEN AMADOS

Enfoque Realista

Acción, Cámara y Caras

Capítulo Veintidós

La separación

Arabella parecía ansiosa de cambios, daba el indicio de una separación en su relación con Emilio. Me parecía que estaba cansada de la vida diaria y en su hastío buscaba proyectos interesantes para lucirse de alguna forma. Al mismo tiempo empezaba a frecuentar gentes nocivas quienes la persuadían a probar drogas, lo que yo notaba algunas veces por sus acciones. Respecto a esos nuevos conocidos, llegué a casa una noche un poco tarde y me encontré con un grupo de hombres de mal aspecto, sentados en el suelo dentro de la sala. A mi entrada me fijé que ellos hicieron un rápido movimiento, como escondiendo algo, al sorprenderlos con mi presencia. Arabella al verme aparecer con mi novio Harry se retiró a su habitación, perfecto momento para hacerme cargo de la situación dándoles la orden de evacuar y no volver más, con drásticos gestos y firme determinación.

Después Arabella se excusó de haberlos traído. Mi queja fue enérgica refiriéndome a ese tipo de amistades. Aunque yo me mantuve siempre respetando su primacía y sin herir sus sentimientos como amiga cercana, tomé la iniciativa atreviéndome a preguntarle, –"¿Por qué buscas distraer tus problemas íntimos probando estimulantes? ¿Cuáles serían las consecuencias de esa necesidad? ¿Sería tal vez conveniente visitar a un especialista, un médico quien te guiara para resolverlos, qué te parece?"

Su respuesta rápida fue: – "Esto es algo pasajero, no hay que darle mucha importancia". Ante esa respuesta me conduje en una diplomática reserva, solo observar.

Juan Ibáñez, productor de cine mexicano, tenía proyectada una película llamada *Los Bien Amados*, argumento concebido por el conocido escritor Carlos Fuentes.

Ya se nombraba al actor Enrique Rocha para el papel principal, y Arabella en una entrevista con el productor y director fue elegida para el rol femenino.

El tema del filme era atrevido: se trataba de un incesto entre dos hermanos. Una parte se filmaría en Nueva York y el resto en México.

Para entonces Arabella se distanciaba día a día de Emilio y durante las discusiones del proyecto al conocer a Rocha, Arabella se sintió atraída por él, infatuada al máximo, provocando la ruptura con Emilio. Arabella me pidió hablarme seriamente sobre sus decisiones. Todo iba a cambiar. Me conversó respecto a sus sentimientos amorosos con Enrique, me dijo: – "Esta vez es una seria relación. Deseamos vivir juntos, tenemos las mismas ambiciones y deseos, el futuro nos llama, nos indica vivir unidos. No quiero causarte molestias, pero este es el momento de independizarnos. No sé si tal vez tú regreses a San Salvador." Me quedé por unos instantes silenciosa, y dije, – "Creo que has escogido un tiempo importante para realizar dos cosas en tu existencia, tu nueva afición y carrera, lo que te dará una base de seguridad y estabilidad. Mis mejores deseos es que logres seguir tus sueños. Hemos compartido todos estos años de locos momentos. No te preocupes por mí, yo sabré cómo guiarme." Aunque me sentí un poco triste, yo ya no podía vivir con Arabella. Sus cambios de humor inestables eran más frecuentes y severos. A veces tenía rabietas sin razones significativas, y se encerraba en su cuarto llorando, momentos en que se sentía insegura de sí misma. Sin comunicarse lo que ocurría, ella suponía que yo la iba a regañar por su variable conducta. Estos eran nuevos síntomas en la vida cotidiana. Desde la última entrevista con Peter O'Toole, Arabella había entrado en un estado de constante inestabilidad que nos afectaba a ambas. Se había enamorada de Emilio y de momento ya no. Ahora la nueva aventura con Rocha. Para mí, era imposible seguir conviviendo.

Arabella terminó su relación con Emilio en una forma discreta. Fue un rompimiento debido a la situación con Rocha. Pasaron varios días en los que nos ocupaba la futura entrega de la casa, preparar los equipajes en separadas maletas, en una disposición melancólica más de mi parte. Sofocantes ratos de indecisión. ¿Futuro? ¿Cómo describirlo sin existir? Todavía incapaz de asimilar la dura realidad. Harry, al comunicarle lo que sucedía entre Arabella y yo respecto a las determinaciones tomadas, su actitud dio la imagen de desencanto, pero sin llegar a asumir, sin hacer una proposición formal de nuestra relación. Entonces lo más indicado fue llamar a mis padres para anunciarles mi regreso.

El día anterior a mi partida, tomé el tiempo de llamar a todas mis amistades para despedirme, entre ellas a mis grandes y buenos amigos

Ernesto Alonso y a su compañero Ángel Fernández. Nota: Ernesto, director, productor y actor de telenovelas para Televisa. Durante mi llamada emocional en decirles adiós, dejó en ellos el deseo de dejar abierta una posibilidad de trabajo para mí en una futura visita al Distrito Federal. No había terminado de colgar el teléfono cuando timbró de nuevo y para mi alegre sorpresa era la bellísima actriz Jacqueline Andere, quien me dijo, –"Acabo de enterarme de lo que te sucede. Quiero decirte que no puedes volver a El Salvador. Te ofrezco venir a vivir conmigo, resido en Echegaray en donde tengo una casa. Este lugar está situado en las afueras del Distrito. La casa es grande para que goces de privacidad en tu propia habitación. También tengo a mi servicio a dos jóvenes que me asisten. Te propongo formalmente te quedes a vivir en mi compañía."

Arabella apareció cerca de las once de la mañana en hosca actitud. Ese día se entregaba la casa como también el despedir a los sirvientes, y era ella la encargada de todos esos movimientos. Cuando me vio, me preguntó, – "¿A qué hora sale tu vuelo?" Yo le contesté, – "No regreso a San Salvador. Jacqueline Andere me ofrece quedarme con ella y yo he aceptado su invitación." Tomó una pausa y dijo, – "Está bien." Parecía lejana, ausente sin ningún interés o emoción a mi partida. Salí rápido de mi habitación, mi equipaje ya estaba listo en la puerta. Ella no hizo ni siquiera el intento de acercarse para un abrazo de despedida o tenderme la mano. Noté que estaba sobre la influencia de drogas y parecía perdida.

Al entrar en el taxi me desplomé moralmente destrozada. Lloré sin parar hasta llegar a casa de Jacqueline. En ese intervalo mi mente recogió, volvió al primer día, al momento en que la conocí. Recordé los años vividos juntas, de las altas y bajas en su compañía, en los que yo había fungido como su conductora, ejerciendo el mando en la economía y el orden en la vida cotidiana. Pensé en nuestros múltiples viajes y aventuras, noches sagradas, gozando de música, cosiendo, haciendo comentarios con hilaridad. ¡Santuario de todas esas cosas que las amigas disfrutan cuando se comprenden, en un mimetismo de gustos semejantes!

Esos fueron los momentos en que sentí un sufrimiento nuevo de algo desconocido. ¿Estar sola? Despertar y enfrentar mi soledad. Sola.

Capítulo Veintitrés

Último encuentro

Jacqueline Andere, joven y bella con gran talento artístico, era una persona de increíble carisma e inteligencia, de serena naturaleza quien dejaba el drama solamente para actuar. Siempre en roles principales, se destacaba también en el territorio internacional como representante de las estrellas mexicanas.

Su vivienda se situaba en un grupo de casas nuevas de moderno estilo. Echegaray se extendía con paso rápido, área agradable la que hasta el momento guardaba cierta reclusión. Las chicas que atendían la casa me recibieron con presteza, listas para ayudarme, ya que llevaba conmigo a los dos perros. Arabella me permitió el suyo Simón pues ella no tendría tiempo para atenderlo, así que me hice cargo de él. Y con el consentimiento de Jacqueline, quien no puso ninguna oposición de tenerlos. Entrada la noche, Jacqueline llegó a casa después de grabar todo el día en Televisa. Normalmente se presentaba en los estudios temprano por la mañana para rodar todo el día. A nuestro encuentro me saludó con afecto, contenta de tenerme cerca, con un cálido abrazo y reanudando con firmeza sus deseos de hacerme sentir en mi propio lugar. Hablamos poco, ella estaba cansada de la jornada y dejamos para luego las sesiones de pláticas y confidencias.

Días después me llegó el rumor de que Arabella y Enrique Rocha ya no estaban juntos. Dicen que él la forzó a irse de su apartamento y que le había tirado sus maletas por la ventana. Ellos solo se juntarían durante la filmación de la película ya que pronto se tomaría en Nueva York la primera parte de ella.

Por mi parte terminó la penumbra. Tomé el control de mí misma con positivo sentido de encarar con alegría lo que fuese en el avenir.

1965

Arabella y yo sin haber ninguna razón no nos comunicábamos, desapego de existencias, silencio absoluto entre las dos. Yo continuaba mi camino, viviendo momentos armoniosos en compañía de Jacqueline. Al mismo compás Harry y yo nos juntábamos sin presión o compromiso, la pasábamos bien. Con regularidad me contaba anécdotas y rumores sobre Arabella, los comentarios eran que vivía en un completo caos y escándalos.

Pasado un largo tiempo, una mañana sonó el teléfono. Una de las empleadas me dijo, – "La llama la señorita Arabella." Me apresuré a contestar y al tomar el teléfono ella me dijo, – "Te necesito. No he podido dormir por varios días y quisiera que vinieras a estar conmigo por un rato. Tu eres la única amiga que me da paz y serenidad para calmar mi estado nervioso. Ven." Me indicó su nueva dirección situada en la Ave. Chapultepec. Me recibió llorando, en pijamas, sin haberse removido el maquillaje y alrededor de sus ojos la máscara mojada con sus lágrimas.

Estaba en un estado de ansiedad, muy tensa. Cuando me vio tuvo un gesto de respiro, me tomó de la mano y sin mostrarme su apartamento me condujo prontamente a su dormitorio, el que lucía en gran desorden (algo inusual en ella, pues en nuestra convivencia todo era impecable).

"Me siento mal, al borde de un colapso. Mi vida está completamente vacía, no estoy contenta, nada me complace. Me siento sola. Solo tú me comprendes por eso te hice venir, necesito dormir para relajarme." Se metió en la cama, la arropé confortablemente, me senté a su lado y con mis manos le acaricié la cabeza y frente. Al rato noté que comenzaba a dormirse, entonces mirándome intensamente a los ojos me preguntó, –"¿Dime, siempre me quieres?" Yo le contesté, – "Si, mucho, para siempre."

Me levante de la cama con gran cuidado cuando su respiración parecía regular. Finalmente estaba en reposo. Salí de la habitación caminando de puntitas para no hacer ruido. Esa fue la última vez que la vi.

Rumores, rumores… Siempre había una manera de enterarme sin preguntar. Mencionaban que, durante la filmación en Nueva York de *Los Bien Amados*, Arabella conoció a un joven de interesante figura llamado Adil, quien modelaba para el famoso Salvador Dalí, pintor español, y ella le invito a seguirla a México.

Por medio de amistades comunes me comunicaron la nueva nota social. Arabella y Adil se casaron en el balneario de Acapulco en una íntima ceremonia, seguida de una recepción en el hotel donde se hospedaban, rodeados de un pequeño grupo asistente. Yo personalmente me alegré al saberlo, deseando que esa unión le brindara estabilidad y felicidad.

Una tarde se presentó en casa un motorista quien había sido enviado por orden de Arabella a recoger su perrito Simón, sin haberme advertido en una nota o llamada telefónica. Me entristeció mucho el entregarlo, dejarlo ir era la última parte de un lazo amistoso entre las dos.

Arabella y Adil se divorciaron varias semanas después. Se decía que ella continuaba una vida tempestuosa, rodeada de nocivas influencias.

Los Bien Amados fue una película dirigida por Juan José Gurrola y Juan Ibáñez, basada en los cuentos Tajimara de Juan García Ponce y *Un alma pura* del famoso escritor Mexicano Carlos Fuentes. Arabella hizo dos papeles, Claudia y Clara, pero la historia era escabrosa debido al tema del incesto entre los dos hermanos. Se estrenó el 2 de septiembre de ese año. No la fui a ver. En ese entonces no ponía atención a los acontecimientos que la relacionaban. Había un rompimiento total entre las dos.

Desenvolviéndome en diferentes círculos sociales, me acercaba más al mundo artístico, atraída por los pintores del momento. Así como también el cine y la televisión, ambiente frecuentado naturalmente por mi cercana relación con Jacqueline y Ernesto Alonso. Entre los pintores allegados se destacaba Chávez Marion, quien pidiéndome posar para un retrato de su especialidad, el crayón, me hizo parte de su galería. Cuando estuvo concluido se hizo presente para entregármelo, llegó acompañado de su amigo el arquitecto Mendoza. Pepe Mendoza, hombre bien parecido, alto de estatura con un dejo de canas a los lados de sus sienes, le daba un enorme atractivo, además de su físico, charla y maneras, daba insinuantes señales a la imaginación para tener un romance.

A la siguiente semana y para mi asombro, Pepe me llama invitándome a pasar unos días en su propiedad situada en Cuernavaca. Pepe condujo llevándonos por la antigua y larga vía, estrecho camino cercano a la línea del tren. Trechos polvorosos, interrumpidos por el tropel de ganado, escape panorámico distinto a las rutas de gran tráfico, perfecto tiempo para darnos a conocer. Nos comprendimos de inmediato y más tarde me propuso vivir juntos. Jacqueline asintió, recordándome que, – "Mi casa es su casa."

Noemi Cano
París, 1962
Willy Rizzo Fotografo

Capítulo Veinticuatro

Inesperado final

Yo continuaba completamente alejada de mi amistad con Arabella. Ya afuera de su órbita no me enteraba de sus relaciones o amoríos. Ella no me buscó más, ya no quería, ni le interesaba mi proximidad y yo por consiguiente respetaba su decisión. Posiblemente deseaba desenvolverse sin requerir mi presencia, porque seguramente sabría que yo no la secundaría en cuestión de las drogas. Las revistas reportaban escándalos que habían llegado a los oídos del presidente mexicano Gustavo Díaz Ordaz, quien parece haberle notificado de su expulsión del país.

Habían pasados ya varios meses, y en los medios sociales se comentaba que Arabella y Jaime Bravo, torero mexicano, estaban envueltos en apasionado enamoramiento. Se mencionaba que él había sido contratado para una gira taurina en la capital de Colombia, Bogotá, y que ella lo acompañaría. En septiembre, antes del viaje a Colombia, Arabella contrajo matrimonio con Jaime (él todavía en medio de su divorcio de la actriz estadounidense Ann Robinson).

6 de octubre 1965

A tempranas horas, serían tal vez las cinco de la mañana, cuando nos despierta el timbre del teléfono. Me levanté en paso rápido a contestarlo y una voz femenina preguntaba por mí. Al identificarme me dice, – "Noemi… Es para darte una mala noticia… Tu amiga Arabella se suicidó anoche. Se dio un tiro con una pistola en la sien derecha y no murió inmediatamente, la llevaron a un hospital, parece que la bala se alojó en medio del cerebro. Fue imposible de efectuar una intervención, así pues… no pudieron salvarla…lo siento."

Se cortó la comunicación de larga distancia, llamaban de Bogotá, no tuve tiempo de preguntar por su nombre.

Regresé a la habitación embrutecida, Pepe me esperaba en suspenso, creyendo que la llamada se trataba de algo relacionado con mi familia en El Salvador. Y al decirle que mi amiga Arabella había fallecido, estallé en lágrimas. Todavía no lo podía asimilar, mi razón no coordinaba, reacción lógica para semejante choque emocional.

Su muerte causo sensación e inmediatamente la prensa y radio reportaron lo sucedido, dando una información más específica sobre el caso. Los periódicos comentaban que Arabella y Jaime Bravo habían tenido un fuerte altercado, tras una cena en el lujoso restaurante La Reja, en el centro de Bogotá, donde ella le había rogado no torear más, debido a un encuentro con un toro. Jaime salió con una cornada y ella se asustó mucho. Le pedía llevarla a San Salvador. ¿Con cuál motivo? ¿Por qué allí?

Los detalles de su muerte, de acuerdo con los reportes periodísticos, eran dolorosos. Arabella se había ido al hotel para luego regresar al restaurante con una pistola. Amenazando a Jaime, ella se colocó debajo de una cabeza de un toro que adornaba una pared del restaurante, donde intempestivamente sacó la pistola que habíamos comprado juntas años atrás en El Salvador. Fue en ese momento que Arabella se disparó un tiro en la sien.

Yo solo mantenía información a través de los periódicos. Se decía que sus padres tramitaban permiso para ingresar en México, ya que la familia próxima en El Salvador negaba su entierro allí. Llegó su cadáver al Distrito Federal y el mundo artístico se volcó en mantener una capilla ardiente hasta que su familia se hiciera presente.

Yo no quise ser testigo de tan triste evento, tomar parte en él era una tortura. Decidí pensar que solo estaría ausente, recordando solamente cuando nos vimos la última vez.

Le pedí a Pepe retirarnos a Cuernavaca mientras me reponía moralmente. A la llegada de sus padres a su entierro, fue decidido sepultarla en el Panteón Jardín, predio reservado solamente para los artistas. Después de permanecer su cadáver por varios días, fue finalmente acompañada por los suyos a su última morada.

En cuanto vino la calma en los dolientes, e informándome que se quedarían unos días más, quise volver a la capital para así encontrarlos y rendirles mis condolencias personalmente. Al aceptar recibirme en el hotel donde se hospedaban, me presenté a verlos. María y Jacobo estaban completamente desolados. La tristeza era inmensa, no sabíamos cómo abordar la pena que nos impedía dialogar. Todos impregnados por su recuerdo, incurable herida todavía presente, imagen imposible de borrar, la que nos seguiría tal vez mientras viviéramos.

María, cuando me miró, perdió el control de sí misma, y descompuesta, me abrazó con lágrimas en sus ojos. Jacobo saludó solamente con un asentimiento de cabeza para luego retirarse a su habitación, parecía anonadado, lejano. Y a lo largo de un silencio, sin decirnos nada, interrumpí ese lapso diciendo, – "Mita, lo siento."

Empezar la conversación fue difícil, María me interroga, – "Noemi, ¿Por qué? ¿Por qué tomó esa determinación? ¿Por qué lo hizo?" Yo le contesté, – "Creo que nunca lo sabremos." Me preguntó de nuevo, –"¿Qué pasó entre ustedes? Dije, –"Arabella deseó unirse a Enrique Rocha, lo que fue de mi completa aprobación. Pensé que era el perfecto momento para iniciarnos en nuevas rutas. Ella necesitaba de ese amor para su estabilidad, en la que también los dos podrían obtener juntos grandes logros en sus carreras actuando. Nuestro distanciamiento fue amigable. Pero en uno de azarosos ratos, de malos momentos, Arabella en su angustia me llamó, me pidió ir a acompañarla… Y así lo hice." María dijo, –"¿Cómo era su aspecto?" Le dije, –"Arabella me pareció tensa, agitada, como al borde de una crisis nerviosa. Estaba angustiada de no poder dormir por varios días. Yo traté de tranquilizarla hasta que se calmó…. ese fue mi último contacto con ella."

La entrevista quedó interrumpida por varias llamadas telefónicas, por lo que decidí retirarme prudentemente. Pero quedamos de juntarnos una vez más antes de que ellos partieran hacia Cuba.

Mientras el duelo invadía nuestras almas, desconsolados al querer recuperar lo irremediable, incapacidad de superar el dolor, imposible contentarnos con solamente intercambiar palabras de pésame, intensa soledad en nosotros que la quisimos tanto. Verdad, de reprocharnos por qué la dejamos sola, posible sentido de culpabilidad sin una lógica razón.

Como convenido al día siguiente pudimos sentarnos a continuar el diálogo interrumpido. María presentaba mejor disposición para ello, siempre sentida, pero más relajada, oportunidad para abordad temas inconfortables, los recuerdos de un pasado, franquezas que la podrían herir.

Para empezar y distraerla de mi principal objetivo, le hablé un poco de mí, qué experimentaba con un compañero, hombre ideal, una existencia agradable. Era él muy comprensible y accesible en mis deseos. Continué diciendo, –"Arabella en momentos de confidencia recordaba sus infantiles tiempos. Me decía que hubiera deseado que usted le hubiera dedicado más esmero, pensaba que la negligencia en su comportamiento daba principal importancia a los problemas políticos, sintiendo la ausencia de cariñosa atención y de ternuras maternales. Ella tan especial en el sentido afectivo, sensitiva de carácter necesitaba de más afectiva demostración, que la marcaron profundamente, errores cometidos que la llevaron, quizás, a una inestable, nunca suficiente, nunca satisfecha en conflicto con ella misma". Este reclamo la conmovió intensamente, llorando sin reservas, no sabía que decir.

¿Cómo justificarse? Porque María ignoraba esa queja, ese sentir que nunca imaginó, pues no hubo nunca un diálogo entre ellas para aclarar todas estas situaciones de profunda significación. Comprendí que había abordado, no siendo apropiado, tan delicados temas. ¿Cómo borrar mi manera de actuar en tan dolorosas circunstancias? Me arrepentí de mi rudeza, me pasé de una línea de conducta que sin darme cuenta acentué en María una crisis conflictiva. A lo largo de un penoso silencio, me miro con agudeza y dijo, –"Tu presencia me hace daño. ¡Me recuerdas tanto a mi hija! Tienes la misma modalidad en la entonación de la voz…similares gestos…me parece que no te quiero ver por ahora. Si te busco, será porque sobrepasé mi dolor y angustia, pues como te repito, me la recuerdas muchísimo."

Nos despedimos pidiéndole me cediera la custodia del perrito Simón, el que todavía se encontraba al cuidado de la persona encargada del edificio donde Arabella había vivido. La contestación fue rápida y precisa, me dijo que mi demanda les resolvía el problema de no poder llevarlo consigo, ya que la situación en La Habana era extremadamente difícil cómo cuidarlo.

Al ir a recoger a Simón, lo encontré en una condición terrible. Estaba inundado de piojos y parece que no había sido alimentado. La conserje del edificio solo le tiraba sobras y casi no podía caminar. Al verme, salió corriendo y se orino al reconocerme. Parece que llegué a tiempo de salvarlo. Simón fue el último lazo, herencia de nuestras vidas, nuestras aventuras, nuestro cariño. Simón vivió hasta los 17 años ya que lo cuidé con mucho amor.

Nota: Tiempo después tomé la decisión de mudarme a España y nunca más tuve la oportunidad de ver a María. Ella y sus dos hijos encontraron residencia en Costa Rica.

Vaya un recuerdo a la desaparecida **ARABELLA ARBENZ**, *la deliciosa estrellita guatemalteca que con su encanto y belleza llenara una de las páginas gratas de nuestros teatros y cinemas. Cuando muere una mujer se enlutan los corazones, pero cuando muere una mujer bella, el mundo se estremece.*

Publicación desconocida
Arabella Árbenz
México, 1965

Elogio

Arabella…… En mi mente se refleja tu figura resucitada con gran nitidez. ¿Cómo olvidar tal como te vi la primera vez? Impresión de sorpresa mágica. Inconcebibles momentos que marcaron mi vida para siempre. Cariño único, increíble amiga. Espacios de tiempos compartidos, luego inmensa soledad. Te has ido lejos para hacerme lamentar tu escape. Me haces falta. Un día… el destino vino a acercarnos y emprendimos juntas senderos de fantasía, hechos realidad.

Arabella, persona de brillantes cualidades, de vasta inteligencia, cultivada y bella, generosa de corazón, talento innato. Capacitada para dar sin reclamar, sin hacer alarde de grandeza, conocerla fue lo máximo. Cuando me comunicaron la fatídica noticia, vinieron a mis recuerdos palabras dichas que sugerían entonces que tenía ya en mente llevar esta acción suicida. Síntomas significativos de los que yo no puede darme cuenta o darles importancia, tales como cuando conducía el auto intrépidamente y me preguntaba, "si no me importaba morir con ella."

Arabella sufría de quebrantos sin ninguna razón, de inestable comportamiento, insaciable en amores, pesarosa en ansiedades sin resolver. Excesos de tristeza, síntomas de queja de ser incomprendida, soledad en su alma atormentada, destructiva, con nostalgias que al mismo tiempo galvanizaban su ser. Teniéndolo todo, te alejaste en un viaje desconocido, negada a afrontar la realidad, hastío de la vida con llagas de heridas que el amor nos deja y que no son fáciles de sanar. Orientada al cielo, buscando la paz y armonía, quisiste experimentar, entrar a ese mundo paralelo e invisible, sin densidad, sin sufrimientos corporales, potenciales perdidos en el espacio, sin remordimientos, solo rectitud de conciencia se ha ido. Silencio, vagar en el silencio. La pena me invade, me extenúa. Adiós, amiga.